Husserl ou la phénoménologie de l'immortalité

5-7, rue de l'Ecole polytechnique ; 75005 Paris

http://www.librairieharmattan.com
diffusion.harmattan@wanadoo.fr
harmattan1@wanadoo.fr

ISBN : 978-2-296-04927-7
EAN : 9782296049277

Arkadi NEDEL

Husserl
ou
la phénoménologie de l'immortalité

L'Harmattan

Ouverture philosophique

Collection dirigée par Dominique Chateau, Agnès Lontrade et Bruno Péquignot

Une collection d'ouvrages qui se propose d'accueillir des travaux originaux sans exclusive d'écoles ou de thématiques.

Il s'agit de favoriser la confrontation de recherches et des réflexions qu'elles soient le fait de philosophes "professionnels" ou non. On n'y confondra donc pas la philosophie avec une discipline académique ; elle est réputée être le fait de tous ceux qu'habite la passion de penser, qu'ils soient professeurs de philosophie, spécialistes des sciences humaines, sociales ou naturelles, ou... polisseurs de verres de lunettes astronomiques.

Déjà parus

S. CALIANDRO, *Images d'images, le métavisuel dans l'art visuel,* 2008.
M. VETÖ, *La Pensée de Jonathan Edwards*, 2007.
M. VERRET, *Théorie et politique,* 2008.
J.-R.-E. EYENE MBA, *L'État et le marché dans les théories politiques de Hayek et de Hegel,* 2007.
J.-R.-E. EYENE MBA, *Le libéralisme de Hayek au prisme de la philosophie sociale de Hegel*, 2007.
J.-B. de BEAUVAIS, *Voir Dieu. Essai sur le visible et le christianisme*, 2007.
C. MARQUE, *L'u-topie du féminin, une lecture féministe d'Emmanuel Lévinas*, 2007.
J. DE MONLÉON, *Personne et Société*, 2007.
P. DUPOUEY et J. BRUNET (publié par), *Roland Brunet, un itinéraire philosophique*, 2007.
Dominique CHATEAU, *l'autonomie de l'esthétique. Shaftesbury, Kant, Alison, Hegel et quelques autres*, 2007.
Alain DELIGNE (dir.), *Éric WEIL, Ficin et Plotin*, 2007.
Laurent DÉCHERY, *Le premier regard, essai d'anatomie métaphysique,* 2007.
Alain MARLIAC, *L'interdisciplinarité en question*, 2007.
Raphaël et Olivier SAINT-VINCENT, *Manifeste du philosphe-voyou*, 2007.
Magali PAILLIER, *La colère selon Platon*, 2007.

Remerciements

Il y a certaines personnes sans lesquelles ce livre n'aurait pas vu le jour. J'ai le plaisir de remercier Yves Bronca, traducteur d'italien, qui m'a appris la souplesse des entrelacs du style français et Yuri Novitsky dont la patience de Sysiphe a permis, lors d'une soirée d'hiver, d'effectuer la mise en page.

AN

AVANT-PROPOS

La pensée husserlienne nous guide vers l'immortalité. C'est à partir de ce défi que Husserl, encore philosophe des mathématiques, commence en 1891 à bâtir sa tour Eiffel phénoménologique ; il se penche sur des questions capitales, aussi bien relatives à la philosophie qu'aux sciences exactes, à la nature des nombres, à l'infinité ou aux idéalités. Reste-t-il quelque chose après notre abstraction du monde ? Ou après l'effondrement de l'existence quotidienne ? Ces questions sont particulièrement pertinentes après la crise de confiance à l'égard « sciences de l'esprit » qui, au XIXème siècle, a affecté leurs principes et bouleversé profondément la philosophie. A l'instar de Descartes à son époque – pour lequel Husserl ne manque pas d'admiration – ou de la figure de Hegel – à ses yeux *persona non grata* –, il cherche « le principe des principes », le point de départ de la pensée qui serait absolument indépendant des états de la conscience et du monde, donc invariant. En cherchant ce principe, nulle doute que Husserl avait raison : être philosophe, c'est se méfier du monde, pour aussi bien qu'il soit. Pour penser philosophiquement il faut se libérer de ses haubans.

Autrement dit, la nouvelle pensée radicalement différente dont le nom est la « phénoménologie », c'est-à-dire la science des phénomènes, ne peut partir que d'une zone de sécurité. Cette zone, où est-elle ? Réponse husserlienne : dans notre esprit. Afin de commencer à penser, penser au sens stricte et philosophique du terme, l'homme se tourne vers sa propre conscience, vers lui-même comme être pensant. Il commence par une analyse des phénomènes pensables, des concepts idéaux, tels le nombre, indépendants des contingences du monde. Par cette démarche, l'homme fait naître une zone de la pensée où, comme nulle par ailleurs, il peut accéder à l'immortalité.

Après la publication du livre de Jean-François Lavigne *Husserl et la naissance de la phénoménologie (1900 – 1913)*, le lecteur français a en sa possession une étude historique quasi-exhaustive. Notre ouvrage propose, en revanche, une lecture de quelques principaux travaux de Husserl, où nous essayons de montrer que la question de l'immortalité, qui apparaît chez Husserl sous les pseudonymes d' « idéalité » ou « choses comme telles » (*Sachen selbst*), est d'une importance fondamentale pour comprendre l'entreprise phénoménologique.

I LOGIQUE DU SIGNE

> <...> même au risque de nous tromper, nous tentons tout plutôt que de devoir renoncer, pour un quelque motif tentant à des difficultés ou par mépris et indifférence, à des recherches qui nous tiennent tant à cœur. Ces inévitables problèmes de la raison pure sont : *Dieu*, la *liberté*, et l'*immortalité*.
>
> Emmanuel Kant
> *Critique de la raison pure*

1 LES HAUBANS DU PSYCHOLOGISME

Mis en exergue, mentionné dans presque toutes les études sur Husserl, le conflit larvé entre la logique et la psychologie, leur lutte pour la primauté méthodologique et pour l'influence sur le territoire de la pensée, cette collision dramatique des ambitions scientifiques et du désir de vérité sont un des thèmes principaux des *Recherches Logiques*[1] (par la suite *RL*) de Husserl. La psychologie et la logique traditionnelle, dont chacune avait prétendu être un principe fondamental pour

---

[1] E. Husserl, *Recherches Logiques*, tt. 1, 2/1, 2/2, 3, trad. par H. Elie, A. L. Kelkel et R. Schérer, PUF, Paris, parus respectivement en 1969/69/72/74 ; de même : E. Husserl, *Logische Untersuchungen*, Bd. I, *Hua* XVIII, hrsg. E. Holenstein, Martinus Nijhoff, Haag, 1975 ; *Hua* XIX/1, hrsg. U. Panzer, 1984 ; *Hua* XIX/2, hrsg. U. Panzer, 1984 ; E. Husserl, *Ideen zu einer reinen Phänomenologie und phänomenologischen Philosophie, Hua* III/1, hrsg. K. Schuhmann, Martinus Nijhoff, Haag, 1976. Les traductions françaises sont modifiées.

l'analyse de ce sujet qu'elles considéraient toutes deux comme leur domaine propre, en sont venues à se contredire juste au moment où la nature de ce sujet s'est trouvée trop lointaine et trop différente de celle qui a été décelée dans le cadre de ces disciplines. Ni l'une ni l'autre ne pouvaient présenter la description adéquate de la structure du savoir – du savoir pur et de la conscience « comme telle » – sans franchir ses propres limites et donc sans réviser ses méthodes scientifiques. Les relations entre la psychologie et la logique traditionnelle se teintèrent de dépendance et d'animosité ; la logique a représenté une partie importante de la psychologie qui élaborait les principes opérationnels du travail scientifique même ; la psychologie, en revanche, établissait les limites de leur applicabilité. Mais cette collaboration biscornue, ainsi qu'il est apparu, était vouée à l'échec par la disproportion entre les présupposés théoriques et des démarches logiques par lesquelles elle devait s'effectuer. En effet, les principes opérationnels de la science logique, construisant un objet idéal, sapaient les soubassements du schème psychologique d'une science dans laquelle ils ont été installés d'emblée. Un objet idéal par excellence, créé par une formule mathématique ou par la logique formelle, un objet qui n'existe que dans l'abstraction de la pensée théorique, ne peut être précipité sur le terrain psychique, c'est-à-dire sur un terrain qui se trouve sous la protection de la science psychologique. Ajoutons que cet objet n'apparaît que dans l'évidence de sa donation, dans sa visualité. Trân-Dúc Tháo note précisément que « l'objet idéal n'est pas autre chose que *cela même* qui se présente à nous dans l'évidence « perceptive » d'un jugement *fondé*. Interpréter son éternité comme celle d'un *en soi*, c'est tomber dans le réalisme intellectualiste. Il ne peut s'agir, en fait, que du sens de l'acte effectif de visée en tant qu'il *constitue* un objet idéal comme indépendant de la singularité des consciences effectives »[2].

---

[2] Trân-Dúc Tháo, *Phénoménologie et Matérialisme Dialectique*, Edition Sociale, Paris, 1957, p. 106. Dans son *Introduction* à *L'origine de la géométrie* de Husserl, Derrida se rallie à l'opinion de Trân-Dúc Tháo lorsqu'il

C'est pourquoi l'objet de la conscience pure, l'objet purifié de toutes les sortes de psychisme, demande nécessairement des méthodes spécifiques pouvant l'arracher à la surveillance de la psychologie autant qu'à la condition naturelle de la pensée humaine et la mener à la réalité noématique, c'est-à-dire à une réalité où la présence de cet objet

---

écrit que « l'objet idéal est le modèle absolu de l'objet en général. Il est toujours plus objectif que l'objet réel, que l'étant naturel. Car si celui-ci résiste et s'oppose davantage, c'est toujours à une subjectivité empirique de fait. Il ne peut donc jamais atteindre à cette objectivité absolue proposable à toute subjectivité en général dans l'identité intangible de son sens », E. Husserl, *L'origine de la géométrie*, intr. et trad. par J. Derrida, PUF, Paris, 1962, p. 57. Et plus loin, dans son renvoi, en se référant aux §§ 88, 97 des *Idées I* de Husserl, Derrida continue : « cette idéalité de l'objet, c'est-à-dire, ici, de la chose mathématique elle-même, n'est pas la non-réellité du noème décrite dans *Idées... I.* Celle-ci caractérise le type d'inclusion intentionnelle de tout noème dans le vécu conscient, quel que soit le type d'étant visé et quel qu'en soit le mode de visée, même s'il agit de la perception d'une chose réale », *Ibid.* C'est une double erreur. Premièrement, le seul lieu où l'objet, après la réduction phénoménologique, se révèle (*dasteht*) – devient *lui-même* – est l'espace noématique. Là où il acquiert l'idéalité *significative*. En d'autres termes, l'objet noématique n'est que le signe idéal qui a réussi à dépasser l'ambiguïté de toute la signification et qui ne nécessite pas même l'objet réel (ou réal) qu'il puisse signifier (c'est pourquoi, comme le dit Husserl, « l'objet « réel » doit ensuite être « mis entre parenthèses », cf. les *Idées I*, p. 313)

Mais le paradoxe de l'idéalité tient à ce qu'elle ne se laisse pas signifier et elle-même ne signifie rien, exceptée la différence pure. Donc, l'objet noématique est cette différence dans laquelle la conscience intentionnelle trouve sa (*la*) donation. Dans le § 99 des *Idées I* Husserl décrit ainsi l'expérience noématique de la conscience de la façon suivante : « ce qui s'exprime ainsi ce ne sont *pas des « modes de la conscience »*, au sens de moments noétiques (*"Weisen des Bewußtseins" im Sinne noetischer Momente aus*), mais *des modes sous lesquels le conscient lui-même et en tant que tel* se donne (das Bewußte selbst und als solches sich gibt) », E. Husserl, *Idées I*, p. 347 ; *Hua* III/1, p. 233. Deuxièmement, la suggestion de Derrida « il [l'objet idéal] ne peut donc jamais atteindre à cette objectivité absolue proposable à toute subjectivité en général... » s'oppose profondément à la pensée de Husserl lui-même. Car dans le § 131 des *Idées I* Husserl écrit : « il [cet objet] se distingue en tant que *moment noématique central*: il est « l'*objet* » (der « *Gegenstand* »), « l'unité objective » (das « Objekt »), « l'*identique* », le sujet déterminable... », *Idées I*, p. 442.

coïncide avec son signe. A ce propos, Fink remarque que « la psychologie est une science fondée sur l'attitude naturelle, thématiquement orientée vers le « psychique », c'est-à-dire la strate de l'être-animé de l'essence animale, et avant tout de l'homme. Son intérêt théorique, qu'elle procède par voie inductive ou apriorique, a pour objet permanent l'étant qui est sur le mode de la « conscience » ; autrement dit, l'objet de la psychologie est *régional* »[3].

Ainsi Husserl met-il en évidence que la psychologie ne peut construire cette réalité dans laquelle l'objet aurait été totalement encadré dans son signe si ce n'est là où il aurait été possible de filtrer la signification pure de l'objet, là où la réalité du signe, la réalité de l'acte noématique se trouverait être une réalité maximale, épuisant l'objet qu'elle a en elle-même. Cela n'est possible qu'à l'intérieur des opérations logiques de la conscience pure, car la psychologie se trouve trop proche de la réalité quotidienne ; elle est trop entrelacée avec les structures de la vie ordinaire pour que sa théorie se présente comme théorie de l'objet pur et des opérations logiques de la pensée. C'est ce que Husserl met encore en évidence lorsqu'il écrit : « sans doute, la psychologie doit-elle rechercher les lois naturelles de la pensée (*die Naturgesetze des Denkens*), par conséquent les lois de tous les jugements en général, qu'ils soient vrais ou faux ; mais il serait absurde d'interpréter cette proposition comme si seules ressortissaient à la psychologie les lois qui se rapportent, dans une universalité la plus vaste (*umfassendster Allgemeinheit*) qui soit, à tous les jugements en général, tandis que les lois spéciales du jugement, comme celles du jugement vrai (*rightigen Urteils*), devraient être exclues de son domaine »[4].

Quoi qu'il en soit, la théorie psychologique et les méthodes logiques deviennent de plus en plus incompatibles. La

---

[3] E. Fink, *De la phénoménologie / avec un avant-propos d'Edmund Husserl*, trad. par D. Frank, Minuit, Paris, 1966, p. 144.

[4] *Hua* XVIII, p. 66 ; trad. fr. *RL*, t. 1, p. 59.

logique n'est plus capable de décrire adéquatement des objets et des conditions psychiques dans lesquelles se trouve la pensée mondaine ; leurs lois normatives et leurs prescriptions détruisent le champ même de l'analyse psychologique ; la psychologie, à son tour, ne s'intéresse plus à déterminer ni à construire les principes idéaux de la conscience ; elle n'examine que les signes des déviations, des tensions et des défaillances qui perlent sur la surface de l'idéalité. Donc, la psychologie et la logique se distinguent aussi bien au niveau de la théorie qu'au niveau des méthodes ; qui plus est les méthodes logiques ne servent pas la théorie psychologique, la théorie ne s'effectue pas dans les méthodes. Toutes les deux se sont retrouvées devant une tâche technique : la psychologie devait chercher ses propres méthodes qui lui donneraient une indépendance par rapport aux opérations logiques et répondraient à ses buts particuliers, alors que la logique devait trouver une sorte de théorie nouvelle afin d'ouvrir d'autres perspectives, où son but pourrait être atteint sans la moindre entrave psychologique. Finalement, les méthodes et la théorie se sont trop distinguées, les méthodes détruisant la théorie de l'intérieur, la théorie s'est transformée en fardeau, la contradiction entre les deux sciences est devenue fatale, le désaccord irréparable[5].

---

[5] Signalons que Husserl en est venu à la critique du psychologisme alors qu'il était sous l'influence forte de l'école psychologiste. Son travail la *Philosophie der Arithmetik* (1891) a été écrit comme le résultat de sa collaboration intellectuelle avec des maîtres de cette école tels quels Franz Brentano et Carl Stumpf. Plus tard, après la révision fondamentale de ses propres opinions et après ses échanges avec Frege, Husserl critiquait cet ouvrage comme une tentative très naïve de poser les fondations d'une science exacte. Dans son article *Sense and Essence : Frege and Husserl*, Robert C. Solomon note justement : « In the 1880's both Husserl and Frege were probing the foundations of mathematics, attempting to discover the source of validity of the basic principles of arithmetic. Frege's *Grundlagen der Arithmetik* (1894) did not receive the attention it deserved, largely because it deviated so markedly from the fashionable "psychologistic" approach to this and other philosophical questions <...> Husserl had studied with Franz Brentano, and worked with Carl Stumpf, the leading proponents of Psychologism, a theory in which all necessary truths, including the basic principles of arithmetic, were

Husserl ne cache pas son étonnement devant cette confusion des méthodes logiques avec la théorie psychologique ; il écrit dans les *RL* : « il est assez curieux que ce soit justement en invoquant le caractère normatif de la logique que la partie adverse croit pouvoir démontrer la séparation rigoureuse existant entre ces deux disciplines. La psychologie, dit-on, considère la pensée telle qu'elle est (*wie es ist*), la logique l'examine telle qu'elle doit être. La première traite des lois de la nature, la seconde des lois normales de la pensée (*Normalgesetzen*) »[6]. Selon Husserl, il faut distinguer la nature et la pensée naïve ; la nature ou la chose naturelle ne peut résider dans l'espace de la logique pure et ne peut donc être considérée comme une chose phénoménale, objet de la théorie phénoménologique[7]. Chose déviante et infectée de par sa présence dans le monde et sa proximité de la vie psychique, la pensée naïve doit être exclue du champ phénoménal et demeure seulement dans les limites de l'analyse psychologique. De plus, comme toutes les structures psychiques de la mondanéité, elle est un obstacle qui apparaît entre le signe et l'objet idéal qui se reflète dans le signe ; elle s'inclue en lui et y déploie son propre

---

reduced to empirical laws of psychology », *Analytic Philosophy and Phenomenology*, Martinus Nijhoff, The Hague, 1976, p. 33.

[6] *Hua* XVIII, p. 65 ; trad. fr. *RL*, t. 1, p. 58.

[7] L'objet de la théorie phénoménologique, à l'opposé de l'objet naturel (historique, empirique ou psychanalytique), doit être mis à nu. Il doit, pour ainsi dire, échapper à toutes les sortes d'accroissements mondains qu'il a acquis, en reculant les limites des contextes historiques, empiriques et autres. A ce propos, Dennett, dans son livre *Consciousness Explained*, formule la tâche de la phénoménologie. Il écrit : « Its aim was to find a new foundation for all philosophy (indeed, for all knowledge) based on a special technique of introspection, in which the outer world and all its implications and presuppositions were supposed to be "bracketed" in a particular act of mind known as the *époché*. The net result was an investigative state of mind in which the Phenomenologist was supposed to become acquainted with the pure objects of conscious experience, called noemata, untainted by the usual distortions and amendments of theory and practice », Daniel C. Dennett, *Consciousness Explained*, Penguin Books, 1991, p. 44.

espace. L'objet idéal ne peut et ne doit pas dépasser les limites du signe, mais précisons bien qu'il s'agit ici du signe *phénoménologique* ; celui-ci doit être entièrement adéquat à ce signe, parce que son idéalité est l'idéalité signifiée *phénomènologiquement* et donc fixée noématiquement *en soi*. Plus précisément encore, cette idéalité existe seulement tant qu'elle se trouve dans l'étui du signe et disparaît aussitôt cet étui enlevé. Elle ne peut jamais être hors de l'espace noématique qui conditionne ses limites ; celles-ci coïncident toujours avec les limites de l'espace dans lequel se trouve l'idéalité ; bref, elle ne peut pas outrepasser sa donation. L'idéalité est enclose dans un noème comme le désir dans son objet. Elle s'y décèle, mais se cache si nous n'arrivons pas à lire la structure de l'objet idéal.

La logique du signe est très différente de sa psychologie. Cette dernière est avant tout une logique des objets idéaux qui ne peuvent être soumis aux dispositions psychiques. Ces objets idéaux sont stables, en ce sens qu'ils sont indépendants aussi bien des structures mentales que des modalités psychiques qui les décrivent. En effet, l'objet idéal ne peut être saisi par les actes psychiques, de même que les actes psychiques ne peuvent jamais construire l'objet idéal. Cette incapacité réciproque à établir un rapport effectif conduit à la différence radicale qui apparaît entre les significations que reçoit cet objet tout d'abord dans les sphères mondaines de la réalité, puis entre les lois psychologiques et logiques, qui sont de deux sortes[8]. Voilà donc

---

[8] Il semble intéressant de noter qu'en même temps la tradition anglo-américaine considère les lois logiques d'une façon assez différente de celle de Husserl. Par exemple, la pensée de Gilbert Ryle, tient à ce que les lois logiques, ou comme il le dit, les lois d'*inférence*, sont des lois de procédure, mais non de faits réels. Selon Ryle, ces lois peuvent être appliquées seulement à la procédure de la pensée et elles décrivent donc les mécanismes opérationnels de la conscience. Autrement dit, les lois de la logique ne s'appliquent pas à la réalité mais aux procédures descriptives qui construisent cette réalité pour la conscience de l'individu. Dans *The Concept of Mind*, Ryle énonce que par les lois logiques l'homme intelligent (*intelligent reasoner*) « avoids fallacies and produces valid proofs and inferences, pertinent to the case he is making. He observes the rules of logic, as well as those of style,

le point de départ de Husserl. Dans les *RL* nous lisons : « <...> mais la psychologie a, en ce qui les concerne, une tâche différente de celle de la logique. Toutes deux recherchent les lois de ces fonctions ; mais le mot « loi » ("*Gesetz*") signifie chez l'une quelque chose de totalement différent de ce qu'il signifie chez l'autre. La tâche de la psychologie est de rechercher les lois, l'enchaînement réel (*realen*) des processus de conscience, ainsi que les dispositions psychiques qui s'y rapportent et les processus qui leur correspondent dans l'organisme corporel. Loi signifie ici formule synthétisante (*zusammenfassende Formel*) pour la connexion nécessaire et sans exception dans une coexistence ou une succession <...> La tâche de la logique est d'une tout autre nature. Elle ne s'interroge pas sur les origines causales ni sur les conséquences des fonctions intellectuelles, mais sur leur contenu de vérité »[9]. Si la psychologie recherche les conditions de la vérité, la logique recherche la vérité elle-même. La différence réside dans les dispositions psychiques et logiques. Elle tient à ce que les premières dépendent strictement du monde, c'est-à-dire que la

---

forensic strategy, professional etiquette and the rest », G. Ryle, *The Concept of Mind*, Penguin Books, 1963, p. 46. Dans *Calculi of Logic and Arithmetic*, dédié à Ryle, Popper donne un exemple : « Logical rules, rather, apply to the procedure of drawing inferences, comparable to the way in which the rules of the highway code apply to the procedure of riding a bicycle or driving a car. Logical rules can be observed or contravened, and to apply them does not mean to make them *fit*, but means to *observe* them, to act in accordance with them », K.R. Popper, *Conjectures and Refutations*, Routledge & Kegan Paul, London, 1963, p. 204. Aujourd'hui, Hintikka définit l'idée de la logique comme : « <...> the study of the relations of logical consequence, that is, of relations of implication or entailment. Its concrete manifestation is an abilitry to perform logical inferences, that is, to draw deductive conclusions », J. Hintikka, *The principles of Mathematics Revisited*, Cambridge University Press, Cambridge, 1998, p. 4. Ici, remarquons-le une fois encore, cette différence entre la conception de la logique chez les auteurs anglais et chez Husserl se fonde sur le fait que Husserl construit la logique pure de la conscience phénoménale, c'est-à-dire la logique de l'idéalité (du sens idéal), alors que Russell, Ryle, Popper et d'autres parlent d'une logique des opérations mentales du monde sémantique.

[9] *Hua* XVIII, p. 67 ; trad. fr. *RL*, p. 61.

réalité de ces dispositions se construit par la réalité mondaine et par les rapports directs de la conscience avec le monde réel. Ces rapports sont les conditions des dispositions psychiques et, par conséquent, les conditions de la vérité psychologique, donc variable. Inversement, les secondes (les dispositions logiques) n'ont aucun rapport avec le monde réel et s'engendrent d'elles-mêmes ; les dispositions logiques, pour lesquelles le psychique et le réel n'ont aucune pertinence. Mais ici commence le drame : étant opérationnelles et donc idéales, les dispositions logiques peuvent décrire, mais ne peuvent prendre connaissance d'elles-mêmes, alors que les dispositions psychiques peuvent prendre connaissance d'elles-mêmes mais ne se prêtent pas à la description en soi. Conclusion immédiate : deux consciences – psychologique et logique – se distinguent, et de plus en plus. Cette distinction leur est propre, nécessaire et vitale. Elle ouvre le chemin vers une science renouvelée : la logique. Husserl précise : « En logique, la question se pose non des règles accidentelles mais nécessaires : non comme nous pensons, mais comme nous devons penser. Les règles de la logique doivent donc être dérivées non de l'usage accidentel, mais de l'usage nécessaire de la raison que l'on trouve en soi-même, sans aucune psychologie. Dans la logique nous ne voulons pas savoir comment est l'entendement, comment il pense, comment il est parvenu à la pensée, mais comment il doit y parvenir <...> [la logique] nous enseigne l'usage de l'entendement »[10]. Et aussitôt Husserl pose une autre question, quelque peu rhétorique : à quoi sert la psychologie ? Sa réponse : « La tâche de la psychologie est de rechercher l'interaction des processus d'appréhension ainsi que les dispositions psychiques immanentes et les

---

[10] E. Husserl, *Hua* XVIII, pp. 65 - 66. [In der Logik ist aber die Frage nicht nach zufälligen, sondern nach notwendigen Regeln – nicht, wie wir denken, sondern, wie wir denken sollen. Die Regeln der Logik müßen daher nicht vom zufälligen, sondern vom notwendigen Vernunftgebrauche hergenommen sein, den man ohne alle Psychologie bei sich findet. Wir wollen in der Logik nicht wißen: wie der Verstand ist und denkt, und wie er bischer im Denken verfahren ist <...> [aber] Gebrauch des Verstandes lehren]

processus qui leur correspondent dans le corps organique »[11]. La psychologie est donc indissociable de son caractère empirique. Cette science ne peut ni créer une théorie des signes purs ni permettre aux phénomènes de décrire leur propre mouvement tout en prenant connaissance d'eux-mêmes. C'est justement à la phénoménologie que revient cette tâche ainsi que celle de construire une théorie de la conscience où le signe se transforme graduellement en phénomène. Comme le dit Marion, « il faut que la phénoménologie devienne radicalement méthode, non certes méthode pour la science, mais bien méthode pour elle-même vers ce dont il s'agit »[12].

La phénoménologie – la théorie phénoménologique de la signification en particulier – doit pouvoir adéquatement décrire non le sens qu'elle porte et dévoile dans la chose, ni la structure de la signification, mais l'opération de cette découverte. Elle doit décrire les actes opérationnels de sa pensée qui, comme nous l'avons noté plus haut, se trouvent hors de toutes les dispositions psychiques. C'est alors qu'à l'opposé de la théorie logique ou psychologique, la signification surgit non comme rapport entre l'objet et l'état psychique, mais comme acte opérationnel qui se vise lui-même. En effet, il s'agit de la signification qui s'ouvre dans l'acte de l'autodépassement. L'acte opérationnel, où la signification s'arrache au phénomène en soi et achève sa phénoménalité, conduit la conscience à la transgression de ses fondations primordiales qui n'avaient pu

---

[11] *Ibid.*, p. 67. [Die Aufgabe der Psychologie ist es, den realen Zusammenhang der Bewußtseinvorgänge untereinander, sowie mit den zugehörigen psychischen Dispositionen und den korrespondierenden [korrelaten] Vorgangen im körperlichen Organismus gesetzlich zu erforschen.]

[12] Jean-Luc Marion, *Réduction et Donation : Recherches sur Husserl, Heidegger et la phénoménologie*, PUF, Paris, 1989, p. 78. Plus loin nous trouvons la remarque suivante : « le phénoménologique ne concerne plus la connaissance des phénomènes, mais la connaissance de leur mode d'exposition, donc ne vise plus la fondation des sciences, *mais la pensée de la phénoménalité.* Ce tournant ne deviendra réellement concevable, pourtant, qu'à partir du moment où nous aurons dégagé comment la pensée peut transgresser (méthode) le phénomène en direction de sa phénoménalité », *Ibid.*

initialement être définies qu'en termes de psychologie et de logique traditionnelle. Cette transgression, comme nous le verrons, est absolument indispensable à la théorie phénoménologique de la signification de même qu'à la logique transcendantale du signe. Notons–le encore : les théories psychologique et logique ne permettent jamais cette transgression. Pourquoi ? Parce que, dit Husserl, « les lois logiques avaient, pour la connaissance, leur source (*Erkenntnisquelle*) dans des facticités psychologiques (*psychologischen Tatsächlichkeiten*) si elles étaient, par exemple, comme le professe ordinairement la partie adverse, des expressions normatives de faits psychologiques, elles devraient posséder elles-mêmes un contenu psychologique, et cela dans un double sens : elles devraient être des lois du psychique (*Gesetze für Psychiches*), et en même temps présupposer l'existence de ce psychique, ou encore l'inclure »[13]. Et dans le même § 23 Husserl ajoute, touchant le rapport *technique* entre la psychologie et la logique : « la plupart des psychologistes sont trop sous l'influence de leurs préjugés communs (*unter dem Einflusse ihres allgemeinen Vorurteils*) pour songer à les vérifier sur les lois de la logique données avec certitude. Si ces lois doivent être psychologiques pour des raisons d'ordre général, à quoi bon prouver en détail qu'elles le sont réellement »[14] ?

Ainsi, la transgression phénoménologique, conduisant la conscience à la destruction de ses propres fondations – psychiques et logiques – est aussi une transgression *significative*. C'est une transgression qui s'effectue au niveau de la création de la signification, et qui détruit la réalité psychologique du signe où le signe exprime ce qu'il indique et où il s'identifie avec l'objet[15]. Une fois phénoménologiquement

---

[13] *Hua* XVIII, p. 80 ; trad. fr. *RL*, t. 1, p. 77.

[14] *Hua* XVIII, p. 81 ; trad. fr. *RL* 1, pp. 77 - 78.

[15] Il est peut-être intéressant de signaler qu'à l'époque où Husserl travaillait sur les *RL*, la conception psychologique du signe était répandue parmi des

transgressé, le signe ne signifie plus l'objet, il n'indique plus l'extériorité de la conscience, encombrée de facticités psychiques, mais il se tourne vers la conscience elle-même (*comme telle*), dont le contenu réside dans ses propres actes

---

psychologues, comme Wundt et Lipps et parmi des linguistes. Fritz Mauthner, dans son magnum opus *Beiträge zu einer Kritik der Sprache* (paru en 1901 - 1902), réduit la pénsée à la langue: « Das Denken ist das Sprechen auf seinen Ladenwert hin beurteilt », Bd. I: *Zur Sprache und zur Psychologie*, Ullstein Materialien, Frankfurt/M., 1982, p. 176. A partir de Steinthal, fondateur de la linguistique psychologique (ethnopsychologie) et qui considère le signe comme unité psychique, cette conception a été développée tout d'abord par l'école des néogrammairiens allemands : Paul, Behaghel et par Baudouin de Courtenay en Russie. Dans son livre *Prinzipen der Sprachgeschichte*, Halle, 1937, H. Paul explique la différence cruciale entre la théorie de Steinthal et sa propre nouvelle approche de la structure psychique du signe linguistique : à l'opposé de Steinthal (et aussi de Wundt), chaque transformation *significative* (de signification) dans le langage se passe avant tout dans la psyché de l'individu. Pour plus de détails cf. O. Dittrich, *Die Probleme der Sprachpsychologie*, Leipzig, 1913 ; E. Froschels, *Psychologie der Sprache*, Leipzig & Wien, 1925 ; F. Kainz, *Psychologie der Sprache*, Stuttgart, 1941 ; B.F. Skinner, *Verbal Behavior*, New York, 1957 ; George K. Zipf, *The Psycho-Biology of Language : An Introduction to Dynamic Philology*, The MIT Press, 1965.

Pour soutenir l'idée que la construction du signe psychologique se fonde sur l'identité de l'indice et de l'expression, nous pouvons également citer Russell, qui a travaillé sur le problème de la signification linguistique. « The "significance" of a sentence is what it "expresses" », *An Inquiry into Meaning and Truth*, Unwin Paperbacks, London, 1980, p. 171.

Il faut noter aussi que la différence principale entre la transformation psychologique du signe et sa transformation phénoménologique tient à ce que la première ne change rien dans la perception du signe par la conscience. C'est une transformation *variante* ou superficielle, où le signe demeure extérieur à la conscience et ne fait pas partie de sa structure immanente. En d'autres termes, le signe psychologique, doté également d'une certaine fondation logique, selon Husserl, ne contient pas de véritable contenu phénoménal. Un tel signe ne s'organise que par des dispositions psychiques qui ont un rapport direct avec les réalités du monde. Inversement, dans la deuxième transformation – phénoménologique – le signe, déjà arraché au système des facticités psychiques, outrepasse sa nature psychologique et devient une unité intentionnelle. Le signe intentionnel indique non l'objet, extérieur à la conscience, mais seulement la conscience *en soi*. Il devient donc le seul événement immanent de l'activité de la conscience, son contenu phénoménal.

mentaux. Ce signe ne se trouve pas dans le flux des « significations fluctuantes », comme le dit Husserl, et ne multiplie donc pas les diverses ambiguïtés résultant du contact entre le signe et la présence extérieure, c'est-à-dire entre le signe et les objets empiriques qui marquent le monde de la conscience naturelle. Bien au contraire ce signe se libère de cette présence et, en se défaisant de l'empirique et du psychique, apparaît dans l'idéalité tantôt comme concept absolu, tantôt comme objecticité intériorisée. Dans le flux intentionnel – le lieu où se constitue toute idéalité et toute généralité, y compris la généralité conceptuelle –, le signe ne crée pas la structure de la présence psychique. Il construit l'actualité phénoménologique dans l'acte même de la signification ou bien dans l'*acte à signifier*.[16]

Le signe *phénoménologique*, comme nous le verrons, ne se fige pas ni ne disparaît dans l'objet qu'il signifie, il ne peut jamais rester un point singulier dans l'espace psychique. C'est le signe qui identifie la présence avec la conscience elle-même. Mais cette identification s'effectue chez Husserl de façon paradoxale : pour s'identifier avec la présence et donc pour devenir idéale, la conscience se différencie de toute forme de psychisme. Elle doit d'autant plus se différencier de ses propres

---

[16] Dans le § 32 des *RL*, Husserl utilise l'expression « das Bedeuten schwankt ». Sa traduction en français « *acte de signifier* » (t. 2/1, p. 117) n'étant pas tout à fait satisfaisante, nous lui préférerons : « la signification fluctuante ». Ainsi : « Les significations « en soi » sont, comme celles-ci fluctuent toujours, des unités spécifiques <...> elles ne sont pas elles-mêmes des idéaux ». [Die Bedeutungen "an sich" sind, wie immer das Bedeuten schwankt <...> spezifische Einheiten; sie selbst sind nicht Ideale.] *Hua* XIX/1, p. 107.

La différence entre « das Bedeuten schwankt » et notre expression l'*acte à signifier* est suivante : la première produit des significations spécifiques (le tableau du maître, exemple emprunté à Husserl), c'est-à-dire qu'il s'agit d'un acte qui a un certain référent extérieur. L'*acte à signifier* est en revanche le moyen par lequel l'idéalité générale (*phénoménale*) s'établit dans la conscience intentionnelle de l'individu. En d'autres termes, *l'acte à signifier* produit le signe qui est déjà phénoménologiquement transgressé, dont le contenu n'est que l'idéalité elle-même.

constituants empiriques et découvrir non pas *soi-même* dans la présence, mais la présence en *soi-même*. Cette découverte se fonde bien entendu sur la différence totale (ou transcendantale)[17] entre la conscience et le monde extrinsèque dans lequel celle-ci apparaît initialement. Répétons-le : la conscience doit voir en soi la singularité génératrice et surtout l'identité différenciante qui aurait pu l'arracher à la présence psychique, empirique et contaminée par le monde, pour ensuite l'installer dans une autre présence, dans la présence intentionnelle et pure qui conceptualise son identité dans les actes significatifs. Dans le § 29 Husserl nous explique que « <...> chaque concept singulier, pris en lui-même, est une unité surempirique (*eine überempirische Einheit*) et qu'il est subsumé par les vérités logiques se rapportant à la forme de chacun d'entre eux »[18]. Le concept empirique, bien que son caractère généralisant soit certain, se transforme, dans le flux intentionnel, en une singularité phénoménologique. Cette singularité trouve à son tour une identité complète avec elle-

---

[17] Il faut remarquer ici que la conception de « la différence transcendantale » a bien été élaborée par Husserl lui-même. Tout d'abord, dans les *Idées directrices pour une phénoménologie (Idées I)*, Gallimard, Paris, 1950, puis dans les *Méditations Cartésiennes / Introduction à la phénoménologie*, trad. par G. Peiffer et E. Levinas, J. Vrin, Paris, 1980. Pour Husserl, la différence transcendantale signifie, avant tout, la différence entre les deux *Je* (transcendantal et quotidien), la différence qui s'établit comme résultat de la réduction phénoménologique. Cette différence, chez Husserl, est celle que la conscience elle-même prend comme point de départ de son travail. Derrida, quant à lui, parle d'une différence transcendantale « qui ne distingue rien en fait, différence qui ne sépare aucun étant, aucun vécu, aucune signification déterminée; différence pourtant qui, sans rien altérer, change tous les signes et en laquelle seulement se tient la possibilité d'une question transcendantale », *La voix et le phénomène*, PUF, Paris, 1967, p. 10. Le sens de « différence transcendantale » que nous entendons dans ce texte diffère légèrement de la définition husserlienne. Selon nous, la différence transcendantale est un mode de la signification qui s'établit après la transgression phénoménologique du signe, c'est-à-dire après que le signe a quitté les limites empiriques et psychiques du monde *objectal*.

[18] *Hua* XVIII, p. 108 ; trad. fr. *RL* 1, p. 111.

même ; elle s'ouvre aussi comme une identité présente dans la conscience de l'individu ; finalement, elle doit s'incorporer à sa conscience en tant que propriété primaire. Husserl nous en donne un exemple : «De même que le flux des contenus empiriques de couleurs et l'imperfection de l'identification qualitative ne touchent pas aux différences des couleurs en tant qu'*espèces* qualitatives (*Qualitätenspezies*), de même l'unité de l'espèce (*Spezies*) constitue une identité idéale par rapport à la multiplicité (*Mannigfaltigkeit*) des cas singuliers possible <...> ainsi se comportent les significations ou concepts identiques par rapport aux représentations conceptuelles (*die begrifflichen Vorstellungen*) < ...> »[19].

Aucune singularité – empirique, psychique ou factice –, ni même aucune unité des singularités, ne peut contenir en elle-même ni porter le véritable sens de l'objet qui ne lui est pas donné phénoménologiquement. Dans celui-ci il y a toujours une distance entre l'objet et le signe – un espace *différencié.* En effet, cet espace s'appelle le monde. Le signe marque l'extériorité ; il se trouve ontiquement rivé à la facticité qu'il indique. Mais il atteindra néanmoins la singularité idéale, la singularité libérée de la présence ontique qui domine pleinement le monde sémiotique. Pour cela, selon la nouvelle théorie, la transgression phénoménologique du signe est indispensable. Elle, et elle seulement, peut arracher le concept à l'épaisseur factice de l'objet, détruire la distance entre l'objet et le signe et donc déréifier le signe lui-même. Pourquoi ? Parce qu'aucun concept phénoménologique, aucune singularité idéale n'est le concept d'une chose réelle. Il n'est pas concept de la présence. Qui plus est, toute idéalité dépasse les limites du réel et de l'empiricité ; ensuite, l'idéalité ne peut être signifiée comme toute autre chose, nous la pouvons saisir phénoménologiquement et construire à partir d'elle une conscience quasi-universelle. Bref, le signe psychique ne peut accéder à l'idéalité ; celle-ci ne peut se donner à la conscience

---

[19] *Hua* XVIII, p. 108 - 109 ; trad. fr. *Ibid.*

en tant que singularité qui construirait cette conscience. Dans la conscience individuelle l'idéalité est toujours différence irréductible entre la signification et la présence ; la signification n'existe pas dans la présence de même que la présence ne se décèle pas dans la signification. Disons, à titre d'hypothèse, que l'idéalité n'a pas de signification parce qu'elle ne constitue aucune réalité du monde, aucune constante psychique, ni possibilités empiriques où elle aurait pu acquérir un sens. Dans le monde naturel l'idéalité disparaît. Le signe psychique ne la retient pas, sa faculté de signifier n'outrepasse pas les limites d'un *Lebenswelt* où le signe est strictement attaché à la production du sens qu'il extrait de la multiplicité des différences.

C'est dire que pour construire l'identité de l'idéalité (même si cette identité a un caractère hypothétique) il faut que l'on sache voir cette idéalité dans sa phénoménalité, dans sa forme visuelle. L'œil phénoménologique est un instrument de la conscience pure, libérée du monde, identifiée à elle-même. Nous commençons à voir les choses telles qu'elles sont en quittant leur présence mondaine qui offusque la différence idéatrice par laquelle chaque idéalité existe et échappe à la conscience psychique. On comprend mieux la nécessité de la transgression phénoménologique qui soustrait le signe de l'empirique pour le transmettre à la différence transcendantale de l'objet idéal. Transmis à la transcendantalité, le signe participe à l'identification de l'idéalité mais en même temps sa présence devient extérieure à la signification qui se bâtit par sa phénoménalité. Le signe sans l'objet réel devient le signe de l'objet noématique qui ne limite aucunement la réalité empirique et, finalement, *se noématise*, en se transformant lui-même en l'unique contenu de la conscience intentionnelle. Une fois transgressé, le signe découvre la donation intentionnelle de la signification, sa pureté phénoménale, son avènement ; il découvre la signification qui ne se réduit pas à l'objet mais demeure dans cette donation, laissant la conscience de l'individu phénoménalement ouverte. Cette ouverture, s'élevant sur l'irréductibilité de la signification, l'ouverture même de la donation, se donne à la conscience, non comme équivalent de la réalité psychique, mais comme présence où la conscience elle-même se fait évidence[20].

Reste à comprendre comment la donation, fondée sur la présence de l'évidence mais se trouvant en même temps hors de cette présence, est suscitée dans un objet idéal. Et comment, par conséquent, cette donation devient-elle la seule signification de l'idéalité même ? Au cours de notre lecture des *RL*, en analysant la technique de la transgression phénoménologique du signe, nous essayerons de répondre à cette question. Pour le moment, notons seulement que cette transgression implante dans la conscience une certaine différence qui, étant noématiquement conceptualisée dans le signe, y devient transcendantale. Elle s'effectue comme différence entre la singularité et l'objet. En un mot, c'est la différence qui rend à la singularité son identité avec l'idéalité ; elle lui rend sa donation et sa liberté dans l'immense végétation des objets psychiques. Chez Husserl, nous lisons : « la faculté d'appréhender par idéation le général dans le singulier, en intuitionnant le concept (*den Begriff schauend*) dans la représentation empirique, et de nous assurer, dans la représentation réitérée, de l'identité de l'intention conceptuelle (*der begrifflichen Intentionen*), est la condition préalable de la possibilité de la connaissance. De même que dans l'acte d'idéation (*im Akte der Ideation*), nous

---

[20] Dans *Réduction et donation* Marion écrit : « <...> selon Husserl, la phénoménalité des phénomènes s'interprète comme donation, mais la donation s'interprète elle-même à son tour comme la donation d'une présence effective pour la conscience et en vue d'une certitude », *Op. cit.*, p. 81. Dans l'article paru dans *Logos* en 1910 - 1911, intitulé, *La Phénoménologie comme science rigoureuse*, Husserl insiste encore une fois sur l'idée qu' « il est nécessaire <...> de prendre les phénomènes, tels qu'ils se donnent », cf. *Philosophie als strenge Wissenschaft*, *Hua* XXV, 31 ; trad. fr. M.B. De Launay, Paris, 1989, p. 46. On peut dire que la donation des phénomènes doit être une évidence (*Evidenz*) telle qu'elle conduise la conscience de l'individu à la phénoménalité ; autrement dit, cette phénoménalité des phénomènes doit s'ouvrir et se donner à la conscience en tant que fil conducteur de sa construction.

appréhendons par intuition une unité conceptuelle <...> de même nous pouvons aussi acquérir l'évidence des lois logiques qui se rapportent à ces concepts formés tantôt de telle manière, tantôt de telle autre »[21]. Cependant, malgré toute l'insistance de cette phrase, Husserl ne nous dit pas comment s'effectue cet « *Akte der Ideation* » et donc comment il advient à notre connaissance ? Pourquoi cette assertion, même si nous prenons en considération son caractère descriptif, ne nous semble-t-elle pas si évidente qu'elle peut le paraître à première vue ? Avant tout parce que l'acte d'idéation (cet acte *en soi*) – comme le décrit Husserl – n'est ni ontique, ni *a fortiori* significatif ; il ne porte aucune signification réelle dans laquelle l'objet de cet acte, y compris aussi tout objet imaginaire, pourrait apparaître dans la connaissance sous forme de signe. Tout au contraire, l'acte d'idéation détruit la structure ontique de la signification ; on peut même supposer que cet acte est dans une certaine mesure *anti*significatif. En lui, la signification perd l'objet comme s'il tombait hors de la sphère de la signification, sans laisser aucune trace de sa présence passée. Voilà la difficulté théorique. Jetons un regard attentif à ce qui se passe dans l'acte d'idéation, dans ce que Husserl nomme « l'identité de l'intuition conceptuelle » et qui, selon lui, doit devenir « la condition préalable de la possibilité de la connaissance » ? Mais, pour éclaircir cette situation, il faut d'abord comprendre comment l'acte d'idéation devient possible en principe[22].

---

[21] *Hua* XVIII, 109 ; trad. fr. *RL* 1, pp. 111 - 112.

[22] Toutes ces questions, y compris celles que nous avons posées plus haut, seront considérées plus en détail ultérieurement. Notre but est ici assez limité : essayer de décrire le problème général, ou ce que nous appelons *logique du signe phénoménologique*. Cela est nécessaire pour une autre raison : la description correcte de ce problème permet d'accéder à l'essence du conflit husserlien avec la psychologie. C'est pourquoi ces questions sont ici, pour ainsi dire, thématiquement fondées. Comme le note Fink : « à l'intérieur du thème de la psychologie le non-psychique apparaît comme « objet intentionnel », sens visé, contenu noématique. Mais la détermination du sens de l'apparition du non-psychique dans le psychique, c'est-à-dire du caractère

Evidement, il devient possible seulement après que la conscience a quitté toutes les constantes psychiques qui modulent le monde empirique et toutes les turbulences des objets. Mais cela ne suffit pas. Si l'acte d'idéation retire l'objet de la signification, que reste-t-il alors comme sujet de cette idéation même ? Ou : quel est le contenu de cet acte ? Husserl répondrait que le contenu de l'acte d'idéation est justement l'identité de l'idéalité ou, en ses termes, « l'identité de l'intention conceptuelle ». Mais ne simplifions pas : tout le problème tient à ce que l'acte d'idéation ne peut avoir l'identité idéale comme contenu, qu'il ne peut la créer en partant seulement de lui-même, c'est-à-dire de son propre évènement. L'événement de cet acte ne renvoie pas la conscience à la donation de l'identité, à la phénoménalité de l'idéal, mais témoigne seulement de la capacité intentionnelle de la conscience à dépasser les limites des entités singulières ou des phénomènes singuliers et, par conséquent, à se généraliser conceptuellement. C'est probablement cette capacité qui nous conduit, selon Husserl, à « la condition préalable de la possibilité de la connaissance ». L'acte d'idéation n'est donc qu'un événement intentionnel dans lequel s'engendre la condition de la conscience phénoménale, mais il n'est pas lui-même cette condition, disons qu'il est seulement la possibilité d'une telle condition, et rien de plus. Cette possibilité, comme nous allons le voir, surgit exactement de l'*actité* d'idéation, de l'expérience noétique de cet acte, laquelle est le seul contenu possible de l'acte d'idéation, qui, détaché du signe et arraché à la signification, se laisse comprendre par la conscience seulement dans l'événement actuel (dans son « exorcisme intentionnel ») qu'il présente *en* et *par* soi. Admettons que l'idéalité ne puisse s'identifier qu'à ce sens, qui résulte immédiatement de son vécu intentionnel. Dans les *RL 2/1* nous lisons *que « l'appréhension* (Auffasung) *selon ce sens est un*

---

de la relation de connaissance comme telle, a une signification capitale », *De la phénoménologie*, p. 145.

caractère du vécu (Erlebnischarakter) *qui, seul, constitue la « présence de l'objet pour moi* ("Dasein des Gegenstandes für mich") <...> » et « <...> que la conscience de l'identité s'accomplit sur la base de ces caractères respectifs du vécu, en tant que conscience immédiate (*unmittelbares Bewußtsein*) de ce que tous deux *visent* précisément la même chose <...> »[23]. Et Husserl pose sur-le-champ la question : « cette conscience n'est-elle pas à son tour un *acte*, au sens de notre définition, dont le corrélat objectif réside dans l'identité indiquée »[24] ? Sa réponse, comme il le dit lui-même, est « affirmative ». Selon lui, « la conscience de l'identité » est celle de l'acte, surtout de l'événement d'une expérience *actique* qui suscite l'appréhension de l'objet idéal et où cet objet, en s'identifiant à soi, ouvre son contenu comme différence transcendantale, comme différence avec tous les autres objets dans laquelle il est autorisé à résider. Il faut aussi ajouter que « la conscience de l'identité » est tout d'abord celle de la différence, c'est-à-dire la conscience qui doit nécessairement venir à la donation de sa différence, ou qui doit se donner à la différence transcendantale justement dans son *auto-identification.* Sans doute, celle-ci conduit la conscience à une sorte d'idéation, c'est-à-dire qu'elle la conduit à l'évidence de sa différence avec toutes les autres consciences et, en même temps, à l'identité avec son contenu intentionnel. Mais en rendant la condition de cette voie

---

[23] *Hua* XIX/1, p. 397 ; trad. fr. *RL*, t. 2/2, p. 186. L'expression husserlienne « *la conscience de l'identité* » a été analysée par Aron Gurwitsch dans son article sur l'intentionnalité chez Husserl. Là, en soulignant la démarche de Husserl par rapport à ses prédécesseurs, Gurwitsch écrit : « The consciousness of identity cannot be accounted for in terms of Hume's theory of Ideas, that is to say, on the grounds of the traditional conception of mind. Hence a totally new and radically different conception is required in which consciousness of identity no longer appears an *explicandum* but, on the contrary, is made the defining property of the mind, that essential property without which the mind could not be what it is. », A. Gurwitsch, *Husserl's theory of the Intentionality of Consciousness*, dans *Husserl, Intentionality and Cognitive Science*, ed. by H.L. Dreyfus with H. Hall, The MIT Press, 1984, p. 60.

[24] *Ibid.*

possible, l'acte lui-même ne devient jamais partie de ce contenu, il disparaît sans rester même dans la différence qu'il produit. Husserl écrit que « <...> toutes les différences que nous pouvons constater en général sont *eo ipso* des différences de contenu. Or, c'est à l'intérieur de cette sphère très étendue de ce qui peut être vécu que nous croyons trouver comme la différence préexistante évidente entre les vécus intentionnels dans lesquels se constituent des *intentions objectives* (*gegenständliche Intentionen*) – et cela chaque fois au moyen des *caractères immanents* de vécu en question – et les vécus où il n'en est pas ainsi, par conséquent les contenus qui peuvent servir de matériaux pour des actes, mais qui *ne sont pas eux-mêmes des actes* (*nicht selbst Akte sind*) »[25].

Comme toujours, Husserl nous invite à comprendre que pour la conscience intentionnelle il n'existe pas d'opposition insurmontable entre l'identité et la différence ; celles-ci ne construisent pas la théorie du monde réel d'elles-mêmes, comme c'était le cas dans la métaphysique (chez Platon ou Hegel)[26], où ces deux concepts ne pouvaient jamais être réunis

---

[25] *Hua* XIX/1, p. 357 ; trad. fr. *RL*, t. 2/2, pp. 186 - 187.

[26] Notons qu'avec tout le projet phénoménologique, la théorie de l'identité de Husserl s'oppose profondément à la théorie métaphysique et au rationalisme européen dans lequel le monde se trouve inclus. Chez Platon le monde n'est qu'une projection de l'*eidos* qui reste toujours intelligible. Chez Hegel, la conception platonicienne de l'identité, qui n'était en fait jamais rompue, trouve sa conclusion finale : l'idéalité doit construire le monde en elle-même, le monde doit recevoir une identité absolue avec l'idéalité et seulement dans ce cas il a le droit d'exister. Autrement dit, la conscience et le monde doivent devenir identiques. Popper explique cette situation, lorsqu'il écrit : « Hegel's philosophy of identity, 'That which is reasonable is real, and that which is real is reasonable ; thus, reason and reality are identical', was undoubtedly an attempt to re-establish rationalism on a new basis. It permitted the philosopher to construct a theory of the world out of pure reasoning and to maintain that this must be a true theory of the real world », K.R. Popper, *Conjectures and Refutations : The Growth of Scientific Knowledge*, p. 326. A propos de la conception de l'identité chez Platon, cf. p. 75 & n ; 78, 81, 87, 89ff, 399, 400f.

Husserl, comme nous l'avons vu, ne crée pas « a theory of the world » (*une théorie du monde*) qui aurait pu être identique à une théorie de la raison (ou de la conscience idéale) ; chez Husserl il s'agit seulement de la possibilité

dans une connaissance exigeant leur distance perpétuelle. En revanche, dans le cadre du projet phénoménologique, il devient clair que l'identité et la différence sont réunies dans la conscience de l'individu en tant qu'unité de l'idéalité autour de laquelle[27] s'organise la nouvelle connexion immanente entre l'objet et la signification. En outre, cette connexion inaugurée par la hardiesse du projet et établie par le refus radical de la réalité, selon toutes formes de psychologisme et d'empirisme, nous conduit aux nouvelles conditions idéales de la connaissance. A l'intérieur de cette connaissance, les structures sémiotiques habituelles qui construisent le sens comme un lieu où la chose se discerne dans le signe ne fonctionnent plus. Elles se trouvent remplacées par les conditions qui « sont *noétiques*, c'est-à-dire qu'elles sont fondées dans l'idée de la connaissance comme telle, et cela *a priori*, sans nulle considération de la singularité empirique de la connaissance humaine dans ses modes psychologiques ; ou bien elles sont purement *logiques*, c'est-à-dire qu'elles sont fondées purement dans le « contenu » de la connaissance (sie *grûnden rein im "Inhalt" der Erkenntnis*) »[28]. Ce contenu, qui ne se donne pas sans effort, se

---

essentielle de construire une théorie idéale (ou théorie de l'idéalité) qui pourrait éclaircir la structure de la conscience (*la conscience en soi, comme telle*). Probablement, c'est là que l'on peut voir le dépassement husserlien de la tradition métaphysique.

[27] Disons ici que dans son livre sur Husserl, en décriant le caractère normatif de l'idéalité, Salanskis se trompe en affirmant que : « la forme dégagée par l'analyse intentionnelle, donc, est une idéalité ayant *une valeur normative*, dominant chaque accomplissement intentionnel occurrent dans le flux de vécus », dans Jean-Michel Salanskis, *Husserl*, Les belles lettres, Paris, 1998, p. 49 - 50 (italique ajouté). Dans les *RL 2/1*, § 32, Husserl dit sans équivoque : « l'idéalité des significations (*Idealität der Bedeutungen*) est un cas particulier de l'idéalité du spécifique en général. Elle n'a, par conséquent, aucunement le sens d'*idéalité normative* (*der normativen Idealität*), comme s'il s'agissait d'un idéal de perfection, d'une valeur limite idéale qu'on opposerait aux cas singuliers de sa réalisation plus ou moins approximative », *Hua* XIX/1, p. 107 ; *RL*, p. 117.

[28] *Hua* XVIII, p. 240 ; trad. fr. *RL*, t. 1, p. 262.

trouve dans ces nouvelles conditions de la connaissance, identique à l'objectivité phénoménale. Selon Husserl, il doit apparaître devant la connaissance comme vérité des choses mêmes, vérité qui, découverte dans son évidence, reste toujours dans toutes choses réelles. En renvoyant à la nature inconstante de ces choses, cette vérité construit un système de nouvelles connexions où les choses réelles et les objets idéaux sont authentiques et ne se mêlent pas dans la conscience de l'individu. Dans le § 62 des *RL*, nous trouvons une remarque importante : « les connexions de vérité sont autres que les connexions des choses qui sont « véritablement » ("*wahrhaft*") en elles ; ce dont nous trouvons aussitôt la preuve dans ce fait que les vérités qui s'appliquent à des vérités *ne coïncident pas* (*nicht zusammenfallen*) avec les vérités s'appliquant aux choses posées dans ces vérités »[29]. Mais quand nous nous fions à cette suggestion de Husserl, nous comprenons mal néanmoins comment ces vérités pures, ne se trouvant qu'en elles-mêmes et construisant ainsi une signification idéale – la signification bien cachée aux yeux de l'individu psychique –, se libèrent de leur contenu sémiotique ou *psychique* et s'ouvrent comme donation intentionnelle. La vérité qui sort de son contenu psychique devient évidence. Cette évidence se décèle phénoménologiquement, c'est-à-dire qu'elle ne peut être saisie ni dans son contenu, qu'elle quitte, ni dans sa signification, où elle se distingue du sens et s'identifie avec le signe. L'évidence absolue de cette vérité ne se trouve donc ni au niveau du contenu, ni au niveau de la signification. Elle est seulement l'événement de la vérité[30]. Le contenu et la signification y sont inutiles : pour le dire encore mieux, le contenu doit

[29] *Hua* XVIII, p. 231 ; trad. fr. *Ibid.*, p. 252.

[30] [Evidenz ist vielmehr nichts anderes als das "Erlebnis" der Wahrheit.] Marion donne un commentaire de cette phrase : « la vérité, donc l'accomplissement de la phénoménalité <...>, s'épanouit sur fond d'*Erlebnis*, y transparaît comme à travers un filtre, s'y consigne comme sur un film, s'y dessine enfin comme dans les filaments d'un réseau préalable », J.-L. Marion, *Op. cit.*, p. 87.

être arraché à l'acte d' « idéation » ; le signe doit être phénoménologiquement transgressé et rien à l'exception de ces deux démarches ne conduit la conscience à l'expérience de l'identité idéale[31].

2 EN QUETE DU LIEU DU SENS : HUSSERL AU-DEVANT DE FREGE

Parvenu à ce point, où le contenu de l'objet et l'acte de penser ne peuvent jamais être identiques et ne peuvent donc jamais composer une unité de sens, Husserl se trouve devant une tâche tout à fait urgente. Pour s'avancer plus loin dans la solution du but cardinal et laisser la donation de l'objet idéal éclore dans la conscience, il faut avant tout distinguer rigoureusement le signe et la signification. Ils sont les deux

---

[31] Il nous semble pertinent que dans la partie méthodologique des *Ideen I* (§ 75), Husserl souligne le caractère descriptif de cette conscience, c'est-à-dire de la conscience qui doit finalement acquérir l'expérience de l'identité idéale. Car, selon Husserl, pour être capable de saisir cette expérience la conscience doit atteindre tout d'abord les « degrés les plus élevés » qui sont désinfectés de toutes sortes de psychisme et où, par conséquent, la conscience de l'individu pourrait se transformer en une donation intentionnelle à *soi*. Autrement dit, en atteignant ces niveaux « élevés », la conscience se libère du contenu psychique pour pouvoir se décrire elle-même d'une façon objective et indépendante. Mieux : la conscience descriptive doit être *vide* (non remplie par le contenu significatif) pour entrer dans la sphère immanente de l'évidence. Là, Husserl note : « <...> toutes les connaissances doivent y être descriptives et rigoureusement adaptées à la sphère immanente, les conclusions, les procédés non intuitifs de toute espèce n'ont qu'une signification de méthode, celle de nous conduire à la *rencontre des choses qu'une vision directe* de l'essence (*direkte Wesenserschauung*) doit ultérieurement transformer en données. Sans doute telle ou telle analogie qui s'impose peut, avant toute véritable intuition (*wirklicher Intuition*), frayer la voie à quelques conjectures concernant des relations entre essences et il est possible de tirer des conclusions qui mènent au delà ; mais finalement c'est une vision effective des relations entre essences qui doit habiliter les conjectures. Tant que ce n'est pas le cas, nous ne sommes pas en position d'un résultat phénoménologique », *Hua* III/1, p. 157 - 158 ; trad. fr. *Idées I,* p. 240 (Nous soulignons).

éléments principaux qui constituent le sens dans les conditions de la réalité empirique et leur présence est donc absolument indispensable. C'est seulement une fois cette étape franchie que Husserl se heurte à une autre difficulté qui permet de mesurer la gravité de l'enjeu. Le contenu empirique de l'objet est le sens constitué de cet objet qui se déploie dans la signification pour se présenter ensuite à la conscience. Comme nous le verrons plus tard, ce contenu deviendra une pierre d'achoppement dans son entreprise ; la question se posera de prendre connaissance de l'identité idéale (de l'acte idéal de sens) et de la dégager du signe. Ce qui satisfait à l'objet empirique, se trouvant dans le cadre du monde naturel et de la réalité historique, ne peut être suffisant quant à l'objet et la conscience qui s'en trouvent en dehors et au-delà. L'unité du contenu et de la signification, leur dépendance réciproque et leur enchaînement sont impossibles à l'intérieur du monde intentionnel. L'acte idéal de sens devra *lui-même* finalement apparaître comme donation sans autre contenu certain, ni contenu concret, que son action « idéatique » et identifiante, c'est-à-dire qu'il doit s'identifier à sa signification et l'acquérir en tant que sa seule propriété. Dans ces conditions le contenu (ou vécu réel) et la signification ne peuvent se trouver enchaînés comme cela, par exemple, était nécessaire dans les formes de la mondanéité. Leur rupture est ainsi inévitable, car tout ce qui oriente la réflexion de Husserl consiste précisément à désincruster l'idéalité du signe de la patine des significativités phoniques et graphiques, de tout ce qui pourrait y marquer la présence de l'histoire et donc, dans une certaine mesure, laisser une trace à sa surface. N'importe quelle trace témoigne toujours d'une intervention subjective dans la structure du signe même et d'autant plus de son appartenance à l'espace d'entités temporelles, où il s'évanouit lentement, mais sûrement. Autrement, dans cet espace, le signe perd son aimantation et sa capacité de détenir la signification en lui ; il ne s'identifie plus à la signification, comme dans le cas de l'objet idéal, mais cesse de l'indiquer et se détache de la présence du sens. Ce qui ne convient pas à l'idée de Husserl, mais explique le caractère radical des actions qu'il entreprendra plus tard. Mais précisons d'abord sa démarche.

Les vérités historiques et traces subjectives, disons n'importe quelles suites empiriques ayant engendré le signe et le détenant comme otage de leur propre sens, doivent être annulées, parce que leur contenu n'a pas de rapport immédiat avec l'idéalité. Car aucune véritable identité ne devient possible tant que le signe utilise le contenu de ces suites empiriques. En revanche, le contenu arraché rend le signe intentionnellement transparent et donc inaccessible à toutes les autres pratiques significatives qui laissent naturellement les traces de leur présence dans la réalité. Mais justement cette inaccessibilité – cette impénétrabilité transparente – met le signe hors des limites du sens qu'il fabrique. Ainsi, l'ordre de la signification devient l'ordre de l'objectivité absolue[32] où la signification, modifiée

---

[32] Dans l'*Introduction* Derrida écrit : « Il est clair que dans ce type d'analyse, sur lequel pèsent déjà de redoutables difficultés, Husserl ne s'attache qu'à la permanence et à la présence virtuelle du sens à l'intérieur du sujet monadique, et non à l'objectivité absolument idéale du sens, telle qu'elle est conquise, par la parole et l'écriture, sur cette subjectivité », E. Husserl, *L'origine de la géométrie*, p. 92.

Sans doute, cette lecture est-elle erronée et ne répond-elle qu'à la tâche de déconstruire l'intention même de Husserl. La présence du sens dans le sujet (ou dans le sujet « monadique », comme l'écrit Derrida) n'appartient pas à sa subjectivité et n'est donc pas *sa* donation qu'il doit conquérir et détenir en lui-même. De plus, l'acte subjectif de signifier – y compris l'acte de parler et l'acte d'écrire – n'est pas, chez Husserl, celui qui crée le véritable sens – le sens objectif – qui existe *déjà* d'une façon transcendantale, en tant que donné. L'acte subjectif de la signification, y compris les actes intentionnels de l'*ego* pur, décèle ce sens dans son donné : il ouvre le sens comme objet de la donation ou comme objet qui se constitue par l'objectivité de sa présence, alors que cette constitution *elle-même* ne dépend ni des phonèmes, ni des graphèmes, ni de la voix, ni de l'écriture, ni ne se trouve en eux, mais se donne par un phonème ou par un graphème, c'est-à-dire qu'elle se donne par une marque de la présence. Mais une autre sorte de présence, la présence du sens, constituée par l'objectivité idéale et donnée dans cette objectivité comme évidence, est la tâche la plus sérieuse de la phénoménologie sans laquelle aucune autre démarche n'est possible. Enfin, ce qui justifie et exige aux yeux de Husserl la recherche de l'objectivité idéale est précisément le fait que dans le monde des intentionnalités génératrices, générant leur propre

déjà par la transgression phénoménologique, est une différence permanente entre des événements intentionnels, à savoir entre les actes d'idéation de la conscience. Cette différence n'appartient à aucune réalité et aucun témoignage empirique ne peut en être donné. Elle laisse l'objet idéal se rendre identique à lui-même. Husserl insiste : dans la conscience phénoménologique les veilles vérités ne jouent plus aucun rôle. La logique est dite « pure » précisément à cause de la pureté des vérités.

C'est en reconnaissant cette situation que Husserl fait le premier pas. Dès le début des *RL 2* il parle d'une distinction essentielle entre les termes : « l'expression » et « la signification » qui sont les différents éléments du sens et qui appartiennent aussi aux différents types de l'expérience du sens. Plus loin : « quand nous réfléchissons sur les rapports de l'expression et de la signification <...> nous décomposons le vécu complexe »[33] et, par conséquent, distinguons « le mot » et « le sens » comme deux structures indépendantes construisant l'unité du sens. En analysant la structure significative de la phrase, Bertrand Russell formule la distinction entre ces deux concepts : «Il y a certaines assertions qui attestent l'état présent du locuteur qu'il note et dans lequel ce qui est "exprimé" et ce qui est "indiqué" sont identiques ; mais, en général, ces derniers sont différents. La "signification" d'une phrase est ce qu'elle exprime »[34].

évidence, l'acte significatif lui-même se transforme en objet. Dans le § 37 des *Ideen I* Husserl précise cette pensée : « L'objet (*Objekt*) intentionnel, ce qui est évalué, réjouissant, aimé, espéré en tant que tel, l'action en tant qu'action devient un objet (*Gegenstand*) que l'on saisit à la faveur d'une conversion originaire qui « *l'objective* » ("*vergegenständlichenden*") », *Hua* III/1, p. 76 ; trad. fr. *Idées I*, p. 119 - 120. L'objet ne peut se donner à la conscience sans être inclus dans l'objectivité où il se réalise en tant que donné. Et au même endroit Husserl continue : « <...> les objets inclus dans l'unité de l'objectivité totale tombent sous le regard dirigé sur eux », *Ibid.*

[33] *RL*, t. 2/1, p. 41.

[34] B. Russell, *An Inquiry into Meaning and Truth*, p. 171. [There are some assertions, namely those which assert present states of the speaker which he

Chez Husserl, cette distinction fondamentale répète d'une certaine façon la distinction de Frege entre le sens (*Sinn*) et la référence (*Bedeutung*), faite en 1892 dans son article *Sur le sens et la référence* (*Über Sinn und Bedeutung*, par la suite *ÜSB*)[35].

---

notices, in which what is "expressed" and what is "indicated" are identical ; but in general these two are different. The "significance" of a sentence *is what it "expresses."*]

Il est intéressant de remarquer que Russell, en distinguant le sens (*meaning*) et la signification (*significance*) et en soulignant, comme Husserl, leur différence opérationnelle (et aussi ontologique), en arrive finalement à la théorie psychologiquement subjective de la signification qui se fonde, chez lui, sur la notion de foi. En faisant la somme de ses méditations, il conclut : « thus the psychological theory of significance to which we have been led is as follows. There are states which may be called states of "believing"; these states do not essentially involve words. <...> When the utterance of a certain sentence is an instance of a certain belief, the sentence is said to "express" the belief. A spoken sentence is "significant" when there is a possible belief that it "expresses" », *Ibid.*, p. 193. A titre de comparaison nous pouvons dire que cette position de Russell s'oppose définitivement à la théorie du sens du *Cercle de Vienne*, qui, comme Husserl, était en partie influencé par les idées de Frege. Dans son article *The Empiricist Criterion of Meaning*, Hempel écrit : « let us formulate this criterion as follows : A sentence has empirical meaning if and only if it is capable, in principle, of complete refutation by a finite number of observational data ; or, more precisely <...> A sentence has empirical meaning if and only if its denial is not analytic and follows logically from some finite logically consistent class of observation sentences », *Logical Positivism*, ed. by A.J. Ayer, The Free Press, New York, 1959, p. 113.

[35] G. Frege, *Funktion, Begriff, Bedeutung. Fünf logische Studien*, hrsg. G. Patzig, Göttingen, 1966, pp. 40 - 65. La première edition: *Zeitschrift fur Philosophie und philosophische Kritik*, NF 100, Heft 1, 1892, S. 25 - 50. Claude Imbert traduit le mot « Bedeutung » par « dénotation », cf. F.L.G. Frege, *Ecrits logiques et philosophiques*, Seuil, Paris, 1971. Compte tenu du contexte frégéen et des nombreux débats autour de ce concept, nous le traduisons ici par « référence ».

Remarquons tout de suite que cette distinction frégéenne, qui a été largement étudiée dans la tradition analytique, correspond à la distinction de Russell entre « meaning » et « significance » ou à la distinction de Max Black entre « sense » et « reference ». Dans ses *William James Lectures* datant de 1940, Russell écrit : « whichever theory we adopt, it should, I think, be conceded that *meaning* is limited to experience, but *significance* is not », B. Russell, *An Inquiry into Meaning and Truth*, p. 293. Concernant l'analyse de

En y posant la question de l'identité du sens et de la signification, Frege distingue ces deux notions ; pour lui le même sens pourrait toujours avoir un certain nombre de

---

la conception de Frege, cf. K. Ajdukiewicz, *Sprache und Sinn*, dans *Erkenntnis*, Bd. IV, 1934, p. 100 - 138 ; A. Church, *A Formulation of the Logic of sense and Denotation*, dans P. Henke, H. M. Kallen, S. K. Langer (eds.), *Structure, Method and Meaning*, The Liberal Arts Press, New York, 1951 ; A. Church, *Introduction to Mathematical Logic*, Princeton University Press, Princeton, 1951 ; M. Black, *Language and Philosophy, Studies and Method*, Cornell University Press, New York, 1949 ; R. Carnap, *Meaning and Necessity*, The University of Chicago Press, Chicago 1937 ; R. Carnap, *Introduction to Semantics*, dans *Studies in Semantics*, vol. I, Cambridge, Mass., 1942 ; H. Hermes, H. Scholz, *Mathematische Logik*, Enz. Math. Wiss., Bd. I, Teil 1, Leipzig, 1952 ; H. Scholz, G. Hasenjaeger, *Grundzuge der Mathematischen Logik*, Springer, Berlin, 1961.

Il faut signaler d'ailleurs que la question de la primauté de Frege par rapport à Husserl dans la distinction entre le *Sinn* et la *Bedeutung* n'est finalement pas éclairée. Certains experts, tels que Hubert Dreyfus, considèrent que Frege fût le premier à différencier ces deux concepts : « Husserl simply accepted and applied Frege's distinctions..., – écrit Dreyfus –, <...> The only change Husserl made in Frege's analysis was terminological », H. Dreyfus, *Husserl's Perceptual Noema*, dans *Husserl, Intentionality and Cognitive Science*, p. 100. Mais le problème est que Husserl en soit venu de manière indépendante à cette distinction, bien que sous influence frégéenne. En 1891, un an avant la publication d'*ÜSB* dans sa revue des *Vorlesungen über die Algebra der Logik* de Schröder, Husserl dit : « il [Schröder] manque le véritable concept du sens du nom... <...> l'auteur identifie le sens du nom avec la représentation (*Vorstellung*) de l'objet nommé par le nom... <...> cela signifie, par conséquent, sans doute, que tous les noms communs sont équivoques... <...> C'est évident, continue Husserl, qu'il confond ici deux questions différentes : soit que le sens (*Sinn*) appartienne à un nom, soit qu'il existe un objet qui corresponde à un nom », publiée dans *Göttingische gelehrte Anzeigen* I, 1891, p. 250. Cette même année 1891, Husserl envoya son article sur Schröder à Frege qui, dans sa réponse, souligne une communauté de leurs idées. Pour les détails à propos de cette question, cf. J. N. Monhanty, *Husserl and Frege : A New Look at Their Relationship*, dans *Husserl, Intentionality and Cognitive Science*, pp. 43 - 52 ; la correspondance entre Husserl et Frege est aussi publiée dans Gottlob Frege, *Philosophical and Mathematical Correspondence*, eds. G. Gabriel, H. Hermes, F. Kambertel, Ch. Thiel et A. Veraart, Oxford, 1980, pp. 60 - 71 ; de même Claire O. Hill, Guillermo E.R. Haddock, *Husserl or Frege ? Meaning, Objectivity, and Mathematics*, Open Court, Chicago & La Salle, Illinois, 2003.

significations, ou bien de dénotations qui construisent en fait le sens dans le signe. Les signes qui indiquent l'existence de l'objet et qui nomment cet objet mais ne changent pas son sens, c'est-à-dire ne différencient pas l'objet du sens, sont variables ; ils peuvent varier *ad infinitum*. N'importe quel sens peut avoir un nombre pratiquement illimité de signes, si leur valeur dénotative reste sans changement. Regardons, à titre d'exemple, les deux phrases suivantes : « François Mitterrand a écrit *Ici et maintenant* » et « François Mitterrand a été président de la République », où deux énoncés différents se rapportent à la même personne. Nous constatons alors que l'homme qui a écrit *Ici et maintenant* est le même homme qui a été président de la République. Nous pourrions ajouter que l'homme qui a été président de la République est né à Jarnac ou qu'il est fils de Joseph Mitterrand et d'Yvonne Lorrain, ou bien encore qu'il a été ami du philosophe Jean Guitton, etc. Toutes ces descriptions ou actes dénotatifs désignent le même homme, le même « objet » dont le sens se cache sous le nom « François Mitterrand ». Leur nombre est illimité parce qu'ils ne changent pas le *sens* du nom « François Mitterrand », qui entretient un rapport immédiat avec l'homme lui-même, avec l'*objet* du sens dénoté. Toutes ces structures dénotatives, construisant le signe nucléaire – le nom propre « François Mitterrand » – et ayant ici des formes prédicatives, ne peuvent donc, selon Frege, changer son sens parce qu'elles sont toutes, malgré leur diversité et leur différence significative, *dénotativement* identiques. Répétons-le d'une manière plus formelle : si les signes *X* et *Y* sont des éléments significatifs du sens *Z*, alors nous pouvons constater qu'*X* et *Y* sont des éléments dénotativement identiques et interchangeables[36]. Dans l'*ÜSB*, en formulant cette règle, Frege

[36] En effet, le problème de l'identité dénotative que Frege pose dans son article est tout à fait classique et a encore été analysé par G. Leibniz. Le résultat de cette analyse a été formulé comme « *salva veritate* » et parmi les logiciens on le connait aussi sous le titre « *le critère de l'identité de Leibniz* ». En bref, ce critère tient à ce que toutes les entités (linguistiques ou non linguistiques) ayant toutes leurs caractéristiques communes sont identiques. Donc, si *X* est une classe d'entités et *P* est une classe de prédicats qui sont des

note : « Si le signe '*a*' est différencié du signe '*b*' seulement comme objet (ici par sa forme) et non comme signe (c'est-à-dire, de manière qu'il désigne quelque chose), la valeur cognitive de $a = a$ devient par essence équivalent à $a = b$, quand $a = b$ est vrai. Une différence peut apparaître seulement si la différence entre les signes correspond à une différence dans la manière de présentation de ce qui est désigné »[37]. Cette identité logique, établie et expliquée par Frege en termes pleinement

---

caractéristiques de classe *P*, alors dans le système (*X,P*) tous les *X* sont identiques. En termes de logique moderne, le critère de Leibniz prend la forme suivante : $(\forall x)(\forall y)(\forall p)[Ix,y \equiv (Px \equiv Py)]$, où nous désignons les éléments de classe *X* par (*I x,y*) qui ont des caractéristiques communes. Autrement dit, dans notre notation, *x* et *y* sont identiques si et seulement si tout ce que nous pouvons dire sur *x* est juste pour *y* et vise versa. Notons que chez Leibniz cette identité est plutôt une identité entre des signes, mais non entre des sens (« *eadem sunt quorum unum potest substitui alteri salva veritate* »). Mais le *salva veritate,* comme l'ont bien montré Russell, Carnap et Quine, conduit à certaines difficultés, si nous prenons, à titre d'exemple, la synonymie sémantique. On sait qu'il a y un certain nombre de solutions à ces difficultés. Par exemple, W. Quine essayait de résoudre la question de l'identité et de la synonymie par l'introduction des concepts de « *stimulus-meaning* » et de « *stimulus-synonymy* », où le vrai « meaning » n'est adéquat à aucun des mots synonymiques. « Stimulus synonymy, or sameness of stimulus meaning, is as good a standard of synonymy for non-observational occasion sentences as for observation sentences as long as we stick to one speaker. For each speaker, 'Bachelor' and 'Unmarried man' are stimulus-synonymous *without having the same meaning* in any acceptably defined sense of 'meaning' », W.V.O. Quine, *Word and Object*, The MIT Press, Cambridge, 1960, p. 46. Pour les détails concernant le critère de Leibniz cf. M. Serres, *Le système de Leibniz et ses modèles mathématiques*, PUF, Paris, 1968 ; L. Tondl, *Problémy sémantiky*, Praha, 1966.

[37] G. Frege, *Funktion, Begriff, Bedeutung*, p. 41. [Wenn sich das Zeichen "*a*" von dem Zeichen "*b*" nur als Gegenstand (hier durch die Gestalt) unterscheidet, nicht als Zeichen; das soll heißen: nicht in der Weise, wie es etwas bezeichnet: so würde der Erkenntniswert von $a = a$ wesentlich gleich dem von $a = b$ sein, falls $a = b$ wahr ist. Eine Verschiedenheit kann nur dadurch zustande kommen, daß der Unterschied des Zeichens einem Unterschiede in der Art des Gegebenseins des Bezeichneten entspricht.] Cf. I. Vezeanu, *« Ce doit être moi, puisque je suis ici ». Agnosie et Reconnaissance*, dans *Studia Universitatis Babes-Bolyai, Philosophie*, L, 2, 2005, p. 163.

classiques, est commentée dans le livre de Richard Cobb-Stevens : « Frege justifie cette procédure au moyen formulé par Leibniz comme suit : *eadem sunt quorum unum potest substitui alteri salva veritate*. Selon Frege, cette distinction implique qu'il y a identité (de donation), dès lors que des composantes (d'un énoncé) peuvent être substituées l'une à l'autre, sans que cela n'affecte la vérité (de l'énoncé). Il s'ensuit qu'en présence d'un énoncé d'identité vrai, l'on peut remplacer l'un de ses termes par l'autre dans n'importe quel autre énoncé vrai contenant l'un des termes, et le résultat sera tout aussi vrai »[38]. Par conséquent, les signes ne peuvent être capables de changer le sens ou, dans une certaine mesure, d'influencer sa logique jusqu'à ce qu'ils soient dénotativement identiques et engendrent l'objet dans le sens, en y retenant le contenu (nous verrons plus loin comment ce contenu, qui ne contente pas Husserl à cause de sa non-idéalité, est remplacé par le contenu de l'acte intentionnel libéré du réseau significatif). Mais pour Frege le sens demeure le résultat des procédures significatives. Soulignons que chez lui l'identité du sens est significative et en aucune façon phénoménale. Contrairement à Husserl, Frege ne s'interroge jamais sur la libération du langage empirique et de la grammaire[39], à laquelle Husserl consacre beaucoup de pages dans les *RL*. Pour lui, le langage du sens est celui des signes. Le langage des signes dépose dans le signe *son* contenu, *son* entité *objectale* et c'est pourquoi ce langage ne dépasse jamais les limites de la communication naturelle. C'est elle qui établit les moyens primordiaux de la relation entre le signe et le sens. Frege écrit encore : « On s'aperçoit qu'un signe (nom,

---

[38] R. Cobb-Stevens, *Husserl et la philosophie analytique*, J. Vrin, Paris, 1998, p. 82. La transcription formelle du *salva veritate* est la suivante :
$(C)(x)(y)\{[(x = y) \circ Cx] \rightarrow Cy\}$.

[39] Néanmoins, Carnap souligne la relation critique de Frege à certains aspects du langage naturel. Selon Frege, dit-il, les règles du système de langage doivent être construites de telle manière que chaque description pourrait avoir un référent. R. Carnap, *Meaning and necessity, A Study in Semantics and Modal Logic*, Chicago Press, 1956, p. 53 et passim.

expression ou symbole graphique) s'envisage non seulement dans son lien avec le signifié qu'on peut appeler la référence du signe mais aussi avec ce que j'appellerais le sens du signe, qui contient le mode de présentation »[40].

Il faut signaler que Frege reconnaît une certaine restriction et une fermeture du langage sur lui-même. Dans ce système fermé, le sens peut se constituer par tout énoncé grammaticalement correct et par n'importe quel mot (y compris les concepts, phonèmes, graphèmes, etc.), mais ce sens ne peut pas toujours avoir de référent empirique. Dans ce cas il est remplacé par une image abstraite ou bien par un objet imaginaire. Cette idée s'illustre chez Frege de la façon suivante : « Il est fort possible de construire une phrase grammaticalement correcte, représentant un nom propre, qui a toujours le même sens, mais cela ne veut pas dire que ce sens ait également une référence. Les mots « le corps céleste le plus éloigné de la terre » ont un sens, mais il est peu probable qu'ils aient aussi une référence »[41]. Ici, en effet, Frege considère ce que Russell appelle « *language-object* » (« *L-object* » chez

---

[40] G. Frege, *Op. cit.*, p. 41. [Es liegt nun nache, mit einem Zeichen (Namen, Wortverbindung, Schriftzeichen) außer dem Bezeichneten, was die Bedeutung des Zeichens heißen möge, noch das verbunden zu denken, was ich den Sinn des Zeichens nennen möchte, worin die Art des Gegebenseins enthalten ist.] A ce propos Dummett rajoute : « Reference, as Frege understands it, is not an ingredient in meaning at all <...> Reference, for Frege, is a notion required in the theory of meaning – in the general account of *how language functions* – just as the notion of truth is so required: but the reference of a term is no more part of what is ordinarily understood as its meaning than the truth-value of a semantics is », M. Dummett, *Frege : Philosophy of Language*, Duckworth, London, 1992, p. 84 ; aussi M. Dummett, *The Interpretation of Frege's Philosophy*, Duckworth, London, 1981.

[41] G. Frege, *Op. cit.*, p. 42. [Vielleicht kann man zugeben, daß ein grammatisch richtig gebildeter Ausdruck, der für einen Eigennamen steht, immer einen Sinn habe. Aber ob dem Sinne nun auch eine Bedeutung entspreche, ist damit nicht gesagt. Die Worte "der von der Erde am weitesten entfernte Himmelskörper" haben einen Sinn; ob sie aber auch eine Bedeutung haben, ist sehr zweifelhaft.]

Carnap[42]) ou langage premier (*primary language*), c'est-à-dire le langage qui décrit des objets empiriques et établit le sens (*meaning*) entre le signe et l'objet concret, rempli par le contenu référentiel. Ce langage établit des connexions entre des objets sensibles et du sens. Il désigne ce qui existe déjà dans le monde empirique. C'est là que l'existence des objets est accessible pour les gens ordinaires. Russell écrit : « Je construis un langage (et non *le* langage) qui remplit les conditions logiques du langage de premier type ; je l'appelle « langage-objet » ou « langage primaire ». Dans ce langage, chaque mot « fait référence » ou « renvoie » à un objet sensible ou à un ensemble d'objets sensibles, et, utilisé tout seul, il atteste de la présence sensible des objets <...> »[43]. Etant donné que le « *language-object* » crée les connexions référentielles primaires qui établissent le sens à l'intérieur de la réalité empirique, ces connexions contiennent toutes sortes de sédimentations psychiques et d'ambiguïtés psychologiques qui existent dans le langage naturel. La solidité des ambiguïtés psychologiques et leur capacité cognitive à se maintenir dans l'esprit de l'individu s'expliquent peut-être par leur non-présence ; elles n'existent pas comme telles mais se recueillent à l'intérieur de noms et de significations, à l'intérieur des zones référentielles du sens, en les infectant toujours. Et il est impossible de les en extraire par la simple réduction à une seule signification (impossibilité bien montrée par Frege) parce que l'apparition de ces sédimentations et ambiguïtés coïncide, pratiquement sans exceptions, avec la présentation du sens à la conscience. C'est pourquoi, comme nous le savons, Husserl, de toutes ses forces, pose la question de

---

[42] Cf. R. Carnap, *Op. cit.*, chapitre 2 ; de même L. Tondl, *Problémy sémantiky*, pp. 91 - 148.

[43] B. Russell, *Op. cit.*, p. 19. A propos du « *language-object* » chez Russell, cf. le chapitre 4. [I construct a language (not *the* language) fulfilling the logical conditions for the language of lowest type; I call this the "object-language" or the "primary language". In this language, every word "denotes" or "means" a sensible object or set of such objects, and, when used alone, asserts the sensible presence of the objects <...>]

la réduction complète et radicale du sens plutôt que de son contenu empirique qui est le lieu immédiat de toutes ces infections psychiques et syntaxiques, qui offusquent la donation primordiale du sens et bloquent donc l'accès à l'idéalité.

Cependant, Frege, en étudiant le caractère référentiel des mots et des noms dans le langage naturel, souligne que les noms propres sont toujours remplis référentiellement parce que leur sens est défini par leur existence même. En d'autres termes, leur présence dans le langage est identique à leur sens, et cette identité s'effectue par leur propre mode de dénotation. En fait, le nom propre ne peut pas ne pas avoir de référent (l'objet concret de la dénotation) car il est secondaire par rapport à l'objet dénoté et car il dépend, pour ainsi dire, significativement de lui. Dans l'exemple donné plus haut, le nom propre « François Mitterrand » n'aurait pu apparaître ni avoir de sens si l'homme concret, né à Jarnac le jeudi 26 octobre 1916 sous le signe du Scorpion, fils de Joseph Mitterrand et d'Yvonne Lorrain, devenu plus tard président de la République, n'avait jamais existé dans la réalité. Frege reconnaît que les noms propres sont profondément attachés aux objets désignés et que leur attachement référentiel au sens est indestructible. Dans l'*ÜSB*, Frege affirme : «Bref, pour préciser notre propos, nous dirons qu'il convient de former les mots ainsi : un nom propre (mot, signe, combinaison de signes ou expression) exprime son sens, signifie ou désigne sa référence. Par le signe, nous exprimons son sens et désignons sa référence »[44]. Notons

---

[44] G. Frege, *Op. cit.*, p. 46. [Um einen kurzen und genauen Ausdruck möglich zu machen, mögen folgende Redewendungen festgesetzt werden: Ein Eigenname (Wort, Zeichen, Zeichenverbindung, Ausdruck) drückt aus seinen Sinn, bedeutet order bezeichnet seine Bedeutung. Wir drücken mit einem Zeichen dessen Sinn aus und bezeichnen mit ihm dessen Bedeutung.]

Une remarque de Gilles Deleuze et Félix Guattari retient notre attention : « c'est le problème du nom propre, et l'affaire d'une identification ou individuation logique qui nous fait passer des états de choses à la chose ou au corps (objet), par des opérations de quantification qui permettent aussi bien d'assigner les prédicats essentiels de la chose, comme ce qui constitue enfin la compréhension du concept », G. Deleuze, F. Guattari, *Qu'est-ce que la philosophie ?*, Minuit, Paris, 1991, p. 129.

qu'Alonzo Church[45], analysant les conceptions de Frege en matière de logique mathématique, dit que chez lui le sens, attaché au nom, présente une certaine information sur l'objet signifié et que le sens désigne cet objet sans tenir compte de sa réalité empirique, de son accessibilité réelle, de son statut ontologique, etc. D'un autre coté, l'information sur l'objet est détenue dans son concept, de nature fonctionnelle ; cette fonction tient d'abord à ce que *le* concept peut agrandir ou réduire à l'infini le champ référentiel où se trouve l'objet « François Mitterrand », l'auteur d' « *Ici et maintenant* », « président de la République », etc. On peut donc conclure que le concept est référentiellement ouvert. Il peut ainsi s'agrandir et se réduire logiquement, en conférant à l'objet l'information référentielle, mais sans changement de son sens. Le caractère ouvert du concept crée les conditions du sens. C'est là où il s'identifie, toujours et encore, à l'objet signifié mais en se trouvant dans une différence perpétuelle avec lui. Ces différences s'agrandissent avec chaque nouvel acte de signification, elles se réduisent chaque fois que le sens totalise son objet, le faisant idéal (l'expression « le monde capitaliste » totalise son objet, dont le référent est clair même aux esprits simples). Bref, le sens s'identifie à l'objet à travers des

Dans la philosophie analytique contemporaine, des attitudes s'opposent à cette suggestion de Frege. Par exemple, Kripke, critiquant la conception du nom propre de Frege, dit que celle-ci n'a pas de signification et qu'en conséquence le moyen habituel de le fixer par la description ou par le faisceau des descriptions est faux. Cf. S. Kripke, *Naming and Necessity*, dans *Semantics of Natural Language*, eds. D. Davidson and G. Harman, D. Reidel Publ. Co., Dodrecht, 1972, pp. 253 - 355.

[45] A. Church, *Op. cit.* Cf. A. Church, *Intensional Isomorphism and Identity of Belief*, dans *Philosophical Studies* 5, 1954, pp. 65 - 73 ; F.P. Ramsey, *The Foundations of Mathematics*, New York, 1931; B. Russell, *The Principles of Mathematics*, Routledge, London, 1992 (en particulier, *Appendix A* , pp. 501 - 522).

différences référentielles[46], c'est-à-dire à travers le concept qui est ouvert à des descriptions logiques dont le nombre est infini.

En d'autres termes, le champ référentiel s'élargit sans arrêt, il peut s'agrandir sans cesse, en outrepassant ses propres limites. Il identifie tous les signes et tous les concepts à lui-même et engloutit dans son espace toutes ses significations. Le résultat de ce travail n'apparaît qu'à la surface du sens, mais n'est pas, néanmoins, le sens même. En prenant les formes des significations, exprimées dans les mots et dans les phrases, toutes ces identités, de nature référentielle, ne peuvent jamais coïncider complètement avec le sens ou, au moins, cette coïncidence ne pourra jamais se faire dans le signe.

Ce qui tient, peut-être, non au caractère abstrait du sens[47], ni à la multiplicité des significations, mais à ce que le sens, étant au niveau primordial, se trouve dans l'*indifférence* à l'égard de la différence elle-même ; c'est-à-dire qu'à l'origine le sens est un acte (ou une action) et non un résultat. Ainsi le sens n'est-il pas originellement identique à la signification et c'est justement sur cette originaireté que Husserl attire notre attention dans ses *RL* : originaireté, où le sens n'est pas encore référentiellement révélé et, par conséquent, engagé dans le signe. Mais il est impossible de pénétrer simultanément dans l'originaireté du sens et de voir le moment de son intensité la plus forte, même si nous recueillons les différentes significations et contenus à la surface de cette structure

---

[46] Deleuze et Guattari, parlant de l'intension et de l'extension du sens, offrent une explication intéressante : « On voit bien qu'aucune différence de nature ne sépare ici l'intension et l'extension, puisque toutes deux ont trait à la référence, l'*intension étant seulement condition de référence* et constituant une endo-référence de la proposition, l'extension constituant l'exo-référence. On ne sort pas de la référence en s'élevant jusqu'à sa condition ; on reste dans l'extensionalité », G. Deleuze, F. Guattari, *Op. cit.*

[47] A. Church souligne que chez Frege il existe une certaine distinction entre le sens et l'image abstraite. Le sens, étant aussi un objet abstrait et construit par la conscience, est néanmoins un objet stable qui a des caractéristiques postulées. Cf. A. Church, *Introduction to Mathematical Logic*, p. 343 and passim.

originaire de sens. Car le sens est construit de telle façon que nous devons toujours choisir entre celui-ci et son résultat, qui n'existe que comme une trace de sa donation primordiale. La signification, suscitée par l'impossibilité de pénétrer dans l'originaireté du sens, est une évidence signifiée. C'est une évidence sans la donation primordiale ; elle est très forte et très foudroyante.

Dans les *Ideen I*, Husserl se rallie à l'opinion de Frege concernant le caractère significatif des mots et de l'expression. Il donne sens à l'objet signifié, mais son but reste d'éclaircir l'objectivité de ce sens, son contenu noématique qui réside hors de l'acte dénotatif même. Husserl écrit : « si le mot prononcé (*Wortlaut*) peut s'appeler expression (*Ausdruck*), c'est uniquement parce que la signification qui lui appartient exprime ; c'est dans celle-ci que réside originellement l'exprimer. L' « expression » est une forme remarquable qui s'adapte à chaque « sens » (au « noyau » noématique) et le fait accéder au règne du « Logos », du conceptuel et ainsi du « général »[48]. Et plus loin : « <...> le *sens noématique de l'acte*, et par conséquent le rapport à l'objectivité (*Gegenstandlichkeit*) qui réside dans ce sens, *trouve son empreinte « conceptuelle » dans le moment noématique* de l'exprimer »[49]. Au contraire de Husserl, qui demande d'ouvrir la vérité noématique à l'intérieur de l'espace référentiel du sens et de la transformer en valeur objective, Frege ne pose pas la question de l'objectivité avec autant de force. Il reconnaît que : « la référence d'un nom propre est l'objet même que nous désignons par ce nom ; l'idée que nous avons dans ce cas est totalement subjective ; entre eux s'installe le sens. Bien que ce dernier ne soit pas aussi subjectif que l'idée, il n'est pas pour autant l'objet lui-même »[50]. La

---

[48] *Hua* III/1, p. 286 ; trad. fr. *Idées I*, p. 420.

[49] *Ibid.*

[50] G. Frege, *Op. cit.*, p. 44. [Die Bedeutung eines Eigennamens ist der Gegenstand selbst, den wir damit bezeichnen; die Vorstellung, welche wir dabei haben, ist ganz subjektiv; dazwischen liegt der Sinn, der zwar nicht

véritable place du sens se trouve ici entre sa présentation – l'acte référentiel qui le présente – et l'objet dans lequel cet acte fait halte, en se tournant vers la conscience comme s'il se tournait vers la signification. Mais si le sens n'appartient ni à la référence ni à l'objet, se pose alors une question capitale : comment le sens existe-t-il donc *en réalité* et dans quelle évidence faut-il le trouver ? Comme chez Frege, cette question résonne chez Husserl : le fait que l'évidence se livre si mal constitue un problème complexe de la logique et de la théorie de la conscience. Pour le moment, nous supposons que le sens est une évidence avec laquelle il est impossible d'établir de rapport immédiat. Autrement dit, le sens de l'objet se décèle seulement de manière dénotative. Cette manière met en évidence la différence qui apparaît entre le sens et l'objet, différence soulignée par Frege dans l'*ÜSB*. Tout le caractère paradoxal et toute la difficulté de la situation se révèlent au moment où la dénotation s'applique à l'objet même. Il apparaît que cette dénotation découvre l'évidence de la différence entre elle-même et le sens dénoté. Une telle différence, qui s'établit entre eux, est en effet le seul moyen par lequel le sens se donne à la conscience. Le sens ne s'identifie à lui-même qu'à l'intérieur de cette différence. Il disparaît du champ référentiel où cette différence est troublée ou devient obscure. Cette naissance du sens de la différence est peut-être une des difficultés les plus sérieuses pour la formalisation du sens et pour sa perception dans n'importe quelle identité[51].

---

mehr subjektiv wie die Vorstellung, aber doch auch nicht der Gegenstand selbst ist.]

[51] Le problème de l'identité logique et de la saisie du sens est au centre de tous les travaux logiques. Plus haut nous avons déjà mentionné la théorie de l'identité de Leibniz. Au XXème siècle, on trouve la loi générale de l'identité d'Alfred Tarski. Cette loi a trois formulations : 1. *X*=*Y*, si et seulement si *X* a chaque caractéristique de *Y* et *Y* a chaque caractéristique de *X* ; 2. *X*=*Y*, si et seulement si *X* et *Y* ont toutes leurs caractéristiques en commun ; 3. *X*=*Y*, si et seulement si tout ce qui peut être dit sur X peut l'être aussi sur Y. A. Tarski, *Einfuhrung in die mathematische Logik*, Wien, Springer, 1937, p. 55 et passim. L'autre formulation très connue de l'identité logique a été donnée par

Chaque signe peut être muet ou parlant. Il garde le silence quand il *indique* quelque chose, c'est-à-dire quand il apparaît sous la forme d'un indice ; il parle quand il *exprime* quelque chose, quand il porte la signification de l'objet perçu par notre conscience. Ces deux modalités du signe, suscitées par sa nature sémiotique, sont très importantes pour comprendre le mécanisme opérationnel de son travail. Leur différence, mentionnée en passant par Frege, devient chez Husserl le principe cardinal de l'approche du signe. Dans les *RL 2*, Husserl fait une distinction importante entre les deux. Il dit que tout signe (*Zeichen*) a en tant qu'élément deux modèles de représentation : l'expression (*Ausdruck*) et l'indice (*Anzeichen*). Ils ne sont pas isolés, peuvent s'entrelacer et même se remplacer l'un l'autre, mais ils ne sont en rien identiques. Leur non-identité est soulignée par Husserl : « des *signes indicatifs*,

---

A. N. Whitehead et B. Russell et se présente ainsi : « If x and y are identical, either can replace the other in any proposition without altering the truth-value of the proposition », A.N. Whitehead, B. Russell, *Principia Mathematica*, Cambridge University Press, Cambridge, 1962, p. 23.

Russell donne une autre formulation de l'identité dans *The Principles of Mathematics* : « Identity, which occurs here, is defined as follows : « x is identical with y if y belongs to every class to which x belongs, on the other words, if "x is a u" implies "y is a u" for all values of x », p. 20. Toutes ces définitions de l'identité logique (Leibniz, Whitehead-Russell, Tarski) se fondent sur les concepts de classe et d'objet. Risquons-nous à proposer une autre définition de l'identité qui, nous semble-t-il, répond mieux à la tâche phénoménologique de la construction de cette identité. Disons que le sens et la signification sont identiques quand nous ne pouvons tracer de différence signifiée entre eux, c'est-à-dire quand leur différence ne peut être signifiée. En termes formels : $S = s$, si $[(\sim\exists S) \wedge (\sim\exists s) \in (D^{ée})]$, où S est le sens, s est la signification et $D^{ée}$ est la différence signifiée entre eux. Par exemple : le zéro « 0 » dont le sens est sa seule signification, c'est-à-dire la fonction significative du zéro n'est pas séparable de son propre sens mathématique. A propos de l'identité du zéro, cf. B. Russell, *The Principles of Mathematics*, pp. 184 - 187 ; C. Imbert, *La vérité d'Aristote et la vérité de Tarski*, pp. 211 - 240, dans *Phénoménologie et langues formulaires*, PUF, Paris, 1992.

nous distinguons les signes *signifiants*, les *expressions* »[52]. En termes plus précis, l'expression est naturellement l'unité linguistique qui exprime un certain contenu, emprunté au vécu psychique (et aussi intentionnel) de la conscience et qui est capable d'apporter celui-ci à une autre conscience, c'est-à-dire que l'expression établit la communication entre des consciences, entre des individus parlants. La structure linguistique de l'expression, comme le dit Husserl, fonde sa capacité de détenir le sens en elle-même, laquelle constitue le sens d'une valeur interne, l'intériorise et la présente sous formes de significations reconnaissables. Au cours de l'expression, le contenu du sens se donne à autrui comme une certaine information parlant sur l'objet qui lui est connu et qui existe toujours, actuellement ou en puissance, dans sa connaissance en tant qu'objet de la signification. Le sens ne s'identifie alors pas à l'objet mais exprime simplement son objectivité et donc son statut intersubjectif. Dans les *RL 2*, Husserl dédie spécialement un paragraphe à la question de la communication créée par les capacités signifiantes de l'expression. L'expression, qui est structurée d'une manière psychique, doit remplir l'acte même de signifier. Cet acte acquiert la forme de cette expression, en signifiant l'objet et le rendant accessible à autrui. A titre d'exemple Husserl considère n'importe quelle expression linguistique et dit que : « le complexe phonique (*Lautkomplexion*) articulé (et cela vaut aussi pour le caractère

---

[52] *RL* 2/1, p. 35. [Von den *anzeigenden Zeichen* unterscheiden wir die *bedeusamen*, die *Ausdrücke*. Den Terminus *Ausdruck* nehmen wir dabei freilich in einem eingeschränkten Sinne...] *Hua* XIX/1, p. 37 (italiques de Husserl). A l'opposé de Frege, dans les *RL* Husserl ne distingue pas le sens et la signification en termes de *Sinn und Bedeutung*. Pour lui, ces derniers sont les modalités de l'expression où se trouve le contenu psychique. « La plupart du temps, ce sont ces vécus que l'on désigne comme *sens* ou *signification* (*Sinn oder Bedeutung*) de l'expression, et cela, en croyant atteindre, par cette désignation, ce que ces termes signifient dans le langage courant », *Hua* XIX/1, p. 38 ; *RL*, 2/1, p. 36. On ne peut pas dire non plus que la différence entre l'*expression* et l'*indice* corresponde à la différence frégéenne. Chez Husserl, l'indice est ce qui ne contient pas le sens en soi-même.

réellement écrit, etc.) ne devient mot parlé, discours communicatif en général, que par le fait que celui qui parle le produit dans l'intention de « s'exprimer » par là « sur quelque chose » (*sich dadurch über etwas zu äußern*) ; en d'autres termes, par le fait que, dans certains actes psychiques, il lui confère un sens qu'il veut communiquer à celui qui l'écoute. Or, cette communication devient possible du fait que l'auditeur comprend aussi l'intention de celui qui parle »[53]. Cela suppose que chaque expression n'acquiert un certain sens qu'à travers sa présentation et sa manifestation (*Kundgabe*) devant une autre conscience, qui est à son tour prête à l'accepter. L'expression phonique ou écrite joue le rôle de médiateur entre deux individus qui se trouvent en communication. De plus, ce rôle ne se borne pas à créer une sphère médiatrice, mais celle-ci soutient la présence de l'idéalité dans le réel : chaque fois que nous prononçons (ou écrivons) un mot, nous copions son contenu idéal – son « vrai sens », inépuisable, comme cela nous le paraît souvent. Ce contenu s'exprime dans le signe – phonétique, graphique, peu importe – et s'y manifeste comme une chose claire, donnée. Le signe est le lieu où l'idéalité se donne, mais elle n'y reste jamais ; sa donation n'est pas faite *une fois pour toutes*, elle reste éphémère et ne s'ouvre à nous que par des actes instantanés d'expression.

L'expression linguistique, dit Husserl, remplit une fonction de manifestation – *kundgebene Funktion*[54]. Bien entendu, c'est cette fonction qui crée la structure de sens de chaque expression et de chaque expérience psychique de la signification, tendant au bout du compte à parvenir à l'objectivité noématique.

Posons : l'expression est la fonction parfaite qui entame le signe et identifie le contenu avec la signification (référence, *Bedeutung*) en rendant ce signe tantôt muet, tantôt parlant. Dans les *Ideen I* Husserl précise cette pensée : « la couche de

---

[53] *Hua* XIX/1, p. 39 ; trad. fr. *RL* 2/1, pp. 37 - 38.

[54] *Hua* XIX/1, p. 40 ; trad. fr. *RL* 2/1, p. 38.

l'expression – cela crée son originalité – si ce n'est qu'elle confère précisément une expression à toutes les autres intentionnalités, n'est pas productive. Ou si l'on veut : *sa productivité, sa puissance noématique* (*noematische Leistung*), *s'épuisent dans l'exprimer* et dans la *forme du conceptuel* qui s'introduit avec cette fonction »[55]. De quoi s'agit-il ? En effet, de l'originaireté noématique mettant en branle « le moulin à signes » qui ne fait que conceptualiser les données de l'intuition. C'est là que la signification commence à travailler et ne cesse jamais ; quant à l'originaireté noématique *per se*, elle ne peut être conceptualisée, ni donc saisie par les signes. L'originaireté noématique est une sphère d'idéalités qui initie le processus significatif sans y participer. Conclusion : « <...> *toute intuition donatrice originaire est une source de droit pour la connaissance* ; *tout ce* qui s'offre à nous *dans « l'intuition » de façon originaire* (dans sa réalité corporelle pour ainsi dire/ *sozusagen in seiner leibhaften Wirklichkeit*) *doit être simplement reçu pour ce qu'il se donne, mais sans non plus outrepasser les limites dans lesquelles il se donne alors*. Il faut bien voir qu'une théorie ne pourrait à son tour tirer sa vérité que des données originaires »[56]. Le but final de la signification tient à remplir le vide où se trouve l'intuition eidétique avant qu'elle ne rencontre une nouvelle espèce de signes. Mais ce vide sémantique n'est pas un espace physique, sensible aux objets qui le peuvent envahir ; le vide sémantique, c'est l'intuition dénudée qui revêt des signes et revient à nous comme sens. En termes techniques, le scénario est le suivant : « <...> il faut transmettre dans le mode de l'actualité originaire spontanée tous les actes « *logiques* » (les actes du signifier/ *des Bedeutens*) »[57], recevoir ainsi la possibilité de synthétiser le sens dans le concept, dans toute expression linguistique qui l'exprime et qui le porte à la conscience, parce que « le concept d'intuition, de

[55] *Hua* III/1, p. 287 ; trad. fr. *Idées I*, p. 421.

[56] *Hua* III/1, p. 51 ; trad. fr. *Idées I*, 78 - 79.

[57] *Hua* III/1, p. 289 ; trad. fr. *Idées I*, p. 424.

conscience claire, doit être étendu des actes monothétiques aux actes synthétiques (*den monothetischen auf die synthetischen Akte*) »[58]. Voici le diptyque de la signification : le premier niveau est l'acte de signifier où s'établissent les contacts primaires entre le sens et le signe (« l'intention de signification (*Bedeutungsintention*), tout d'abord vide, se remplit, la référence objective se réalise, la dénomination devient une relation actuellement consciente entre nom et chose nommée ») [59] ; le second niveau – « la couche inférieure » – d'où cette intuition de signification vient, puis s'actualise dans la conscience.

Précisons que le rapport entre ces deux niveaux d'expression est en soi significatif ; l'acte de signifier, qui suit l'intuition, exprime la donation du sens, sa présence actuelle *hic et nunc*, alors que la couche inférieure est la condition en puissance de cette actualité, sa réserve noétique. Ce modèle de stratification de l'expression prend ainsi une valeur méthodologique. Pour Husserl il est absolument nécessaire, afin de montrer la fission à partir de laquelle peut s'opérer la transgression phénoménologique du signe et l'exclusion du contenu psychique qui existe en lui. « Les vécus psychiques ainsi *manifestés* forment le contenu de cette manifestation. Nous pouvons concevoir le prédicat *manifesté* (*des Prädikates* kundgegeben) dans un sens étroit ou dans un sens large. Nous limiterons le sens *étroit* aux *actes donateurs de sens* (*die sinngebenden Akte*), tandis que le sens *large* peut embrasser *tous les actes* de celui qui parle, actes qui lui seront attribués par l'auditeur en vertu de son discours (et éventuellement du fait que ce discours énonce quelque chose à leur sujet) »[60]. Ce « prédicat manifesté », compris dans le *sens étroit*, implique un acte communicatif qui convertit le contenu (ou mieux : les phénomènes psychiques) d'une conscience aux enchaînements

---

[58] *Hua* III/1, p. 290 ; trad. fr. 424.

[59] *Hua* XIX/1, p. 44 ; trad. fr. *RL* 2/1, p. 43.

[60] *Hua* XIX/1, p. 40 ; trad. fr. *RL* 2/1, 38.

de sens et le transpose ensuite dans l'autre conscience qui est capable de discerner ces enchaînements. La conversion du contenu psychique en signification est une procédure manifeste : le contenu, jusque-là caché, actualisé dans les signes, acquiert une valeur intersubjective. Mais une telle conversion ne touche pas les structures noétiques de ce contenu qui, à l'inverse, restent individuelles. Convertissant le psychique en phénomènes de la conscience, le signe idéalise déjà les psychismes de l'individu en recréant l'originaireté noématique dans la présence. Ainsi la communication entre individus devient possible ; ainsi s'établit une certaine identité entre le sens et son objet qui nous permet, enfin, de recueillir la quantité infinie des objets dans la quantité finie des mots.

« L'auditeur perçoit que le sujet parlant extériorise certains vécus psychiques », dit Husserl, et dans cette mesure il perçoit aussi ces vécus ; mais il ne les vit pas lui-même, il n'a d'eux aucune perception « interne », mais une perception « externe »[61]. Néanmoins, l'opposition intériorité *versus* extériorité n'est pas insurmontable ; elle résulte directement de la sémiotisation de la matière psychique. Par contre, dans la

---

[61] *Hua* XIX/1, p. 41; trad. fr. *RL* 2/1, pp. 39 - 40.

En commentant cette idée husserlienne de l'extériorisation du sens dans le processus de la communication, Don Welton remarque : « In communicative speech all signs "externalize" a number of things concerning the mental life of the speaker. The hearer apprehends or, in Husserl's termes, apperceives the speaker as a person who is referring and predicating, is affirming or denoting, is believing or disbelieving, loving or hating », D. Welton, *The Origins of Meaning : A Critical Study of the Thresholds of Husserlian Phenomenology*, Martinus Nijhoff, The Hague, 1983, p. 35. Searle donne une formulation qui s'approche de l'idée de Husserl lui-même : « In speaking I attempt to communicate certain things to my hearer by getting him to recognize my intention to communicate just those things. I achieve the intended effect on the hearer by getting him to recognize my intention to achieve that effect, and as soon as the hearer recognizes what it is my intention to achieve, it is in general achieved. He understands what I am saying as soon as he recognizes my intention in uttering what I utter as an intention to say that thing », J.R. Searle, *Speech Acts : An Essay in the Philosophy of Language*, Cambridge University Press, Cambridge, 1969, p. 43.

couche inférieure, qui garde la genèse noétique du signe[62]. L'extériorité ne s'oppose pas à l'intériorité, et pour une seule raison : les deux n'y existent point. Cette opposition vient à la lumière au moment où la conscience, pour la première fois, réactualise sémiotiquement l'originaireté noématique. Le « noème complet », comme le nomme Husserl dans les *Ideen I*, est hors de toutes les oppositions ; c'est un concept phénoménologique qui nous dit que la distinction psychique entre l'extériorité et l'intériorité, quoi qu'elle soit nécessaire auparavant, est neutralisée. Ce noème incarne le sens de l'idéalité, tant qu'elle nous vient de son originaireté muette, énigmatique ; dépouillée des normes psychiques et des formes mondaines.

Il faut comprendre que la lutte husserlienne contre les constantes psychiques, enfermée dans les limites du sens habituel, n'est pas une lutte pour l'annulation du signe ou pour sa disqualification finale comme élément constructeur de la conscience. Malgré tout le radicalisme de Husserl il s'agit, pour ainsi dire, d'un déblocage du signe et de son retour à ses

[62] Il est intéressant que la logique phénoménologique considère justement le signe, purifié du contenu psychique, comme élément absolument nécessaire de l'*architecture* de la conscience pure. En d'autres termes, les signes sont les composants architecturaux de la théorie même de la nouvelle conscience qui peut décrire adéquatement cette conscience comme un modèle abstrait, comme une architecture abstraite noétique. Il va de soi que dans cette description la fonction du signe tient à modeler la conscience au niveau génétique : le processus de sa naissance et les moyens de son fonctionnement cognitif. Dans les années 1940 - 50 le problème de cette description a été discuté parmi des psychologues, des linguistes et des philosophes de tradition analytique. Par exemple, Karl Lashley, en critiquant le béhaviorisme de Skinner, disait qu'il doit en principe exister un mécanisme abstrait de la conscience qui ne peut être analysé en termes d'associations habituelles. N. Chomsky, *Language and Mind*, Harcourt Brace Jovanovich, Inc, New York, 1972, p. 3 et passim ; J. Fodor, *The Modularity of Mind*, MIT Press, 1984 ; *Behaviorism and Phenomenology / Contrasting Bases for Modern Psychology*, ed. T.W. Wann, The University of Chicago Press, Chicago, 1964. Dans ce livre Skinner dédie son article, intitulé *Behaviorism at fifty*, aux débats sur ce thème pendant les années 1950.

fondations originaires, parce que le sens est le signe qui se rabat sur sa propre originaireté. Certes, connaître le modèle de stratification du signe n'est pas suffisant pour le débloquer. Il est important de comparer ce signe avec une sorte d'« anti-signe », de comparer le signe parlant et le signe muet, l'expression et l'indice. Derrida a raison de dire que : « la différence entre l'indice et l'expression apparaît très vite, au cours de la description, comme une différence plus *fonctionnelle* que *substantielle* »[63]. Mais, en réalité, où est la différence entre ces deux fonctions du signe, entre l'expression et l'indice, où est-elle ? Comment est-elle décelable ? Nul doute, cette différence apparaît lentement mais avec toute la netteté requise. Et c'est pourquoi nous pouvons dire, pour le moment en termes généraux, qu'elle consiste en ce que l'indice *indique* le fait d'un événement de signification ou le fait d'un signe ; elle indique l'acte de signifier, alors que l'expression est l'événement d'un signe. Plus grave, l'indice est une sorte de signe qui indique sa propre présence, laquelle se signifie elle-même et donc se trahit dans l'objet signifié. Comme pourrait le dire Husserl lui-même : l'indice, c'est l'être du signe, son résidu ontologique qui témoigne de la réalité de l'acte de signifier. Au contraire de l'expression, l'indice n'a pas de relation immédiate avec la chose ou avec la réalité des objets. L'objet est toujours détaché de l'indice, il ne se donne jamais à lui en tant que *son* propre objet, comme quelque chose qui tombe sous l'acte de l'indication. La fonction de l'indice est dans une certaine mesure de remplacer l'objet par lui-même, d'établir une distance entre l'objet et l'objectité et de renvoyer enfin la conscience à cette objectité[64] des objets. Husserl parle aussi

---

[63] J. Derrida, *La voix et le phénomène*, PUF, Paris, 1962, p. 20.

[64] J.-L. Marion propose de traduire le mot allemand *Gegenständlichkeit* par l'*objectité*, ce qui correspond à l'idée de Husserl de généraliser et en même temps d'objectiver l'essence de la chose. Nous acceptons cette traduction et précisons seulement que dans notre interprétation l'objectité est l'essence *objectale* de la chose, de cette chose qui, étant indiquée par l'indice, se

d'une communauté des phénomènes qui se réunissent dans l'indication et émergent dans l'objectité des choses. Il précise que : « [C]e trait commun, nous le trouvons alors en eux [les phénomènes] dans le fait que des *objets* ou des *états de choses* quelconques de la réalité desquels quelqu'un a une connaissance *actuelle*, lui indiquent la *réalité de certains autres objets ou états de choses* (*Gegenstände oder Sachverhalte*), en ce sens que la *conviction de l'existence des uns est vécue par lui comme motif* <...> *entraînant la conviction ou la présomption* (*Vermutung*) *de l'existence des autres* »[65]. Par conséquent, l'indice est la distance actuelle entre l'objet et l'objectité ou, à un niveau plus théorique, entre le phénomène de l'objet et sa phénoménalité. Il est important de souligner que cette distance s'établit par le caractère intermédiaire de l'indice. Ce caractère lui permet de détenir en soi et simultanément de séparer deux présences l'une de l'autre : la présence de l'objet et la présence de l'objectité. La première est éloignée, la deuxième est rapprochée. De cette façon l'indice révèle sa faculté noématique, qui est sensiblement différente de celle de l'expression. Cette faculté tient précisément à la différence entre les phénomènes des choses et leur objectité. Elle permet de détenir la donation essentielle (*Gegenständlichkeit der Sache*) dans laquelle la chose se présente déjà par son évidence. L'entité d'objet (nous préférons l'appeler *entité objectale*, *gegenständlich*) à laquelle, en réalité, l'indice renvoie, se fonde sur la présence de l'évidence dont la donation est cette entité objectale elle-même. Bref, cette objectité, à laquelle on a fait une si longue chasse, naît de la différence qui résulte de la séparation entre la chose et son entité phénoménale ; l'évidence phénoménologique est donc atteinte par la conscience qui reconstitue l'originaireté noématique, tout en neutralisant l'opposition entre l'extériorité et l'intériorité, et surtout entre le sens et la signification.

---

distingue de l'objet même et présente sa qualité originaire. J.-L. Marion, *Réduction et donation*, p. 221 et passim.

[65] *Hua* XIX/1, p. 32 ; trad. fr. *RL* 2/1, p. 29.

Posons une autre question : d'où surgit cette différence donatrice ? Pourquoi se maintient-elle ? Pour y répondre, il faut regarder encore une fois la nature du signe. On trouvera que le signe n'est pas homogène ni intègre et qu'il n'existe pas dans l'indépendance de sa position ontologique. Le signe ne connaît pas son évidence tant qu'il n'est pas arraché à son contenu ni rendu à son originaireté. Bien plus, le signe ne forme pas le sens mais le fait apparaître à partir des réalités existantes – existant dans la mesure de leur propre possibilité d'exister. Conclusion : cette différence est l'état noétique de la conscience qui dépasse l'hétérogénéité du signe. Celle-ci se compose de distinctions simples (des penseurs comme Saussure, Troubetzkoy et Jakobson l'ont prouvé depuis longtemps pour la donnée linguistique) ; elles peuvent être limitées ou illimitées, déterminées ou non. Le plus important est que ces distinctions qui assemblent le signe sont sémantiquement vides ; au sens strict du terme, elles n'existent pas, elles sont des chimères ontologiques. Il s'ensuit que l'hétérogénéité du signe apparaît uniquement dans l'acte de signifier – l'action immédiate du signe –, au moment de la « destruction de l'entité », comme le dirait Hegel ; encore une fois, afin de restituer l'entité phénoménale d'une chose, son objectité (*Gegenständlichkeit*), l'état noétique de la conscience élimine le signe. La conscience passe à la phénoménalité des choses, à leur vision.

Husserl nous signale : « l'existence du signe ne motive pas l'existence, ou, plus précisément, notre conviction de l'existence de la signification. Ce qui doit nous servir d'indice (signe distinctif) doit être perçu comme *existant* »[66]. L'indice indique, il s'empare de la zone neutre s'installant entre l'objet et le signe ; l'expression exprime, elle distingue l'énoncé actuel et son sens originaire, dont la présence dans le signe est désormais douteuse ; la logique phénoménologique se construit par les actes intentionnels, ce qui signifie leur visée réciproque. De surcroît, la communication des différences (indicatives/

---

[66] *Ibid.*, p. 41.

expressives) s'établit non par le signe même, mais par son rapport à l'idéalité originaire du sens qui ne se signifie pas mais se redécouvre constamment dans la logique du signe. Cobb-Stevens nous semble pertinent lorsqu'il affirme que « la communication implique toujours un entrelacement de l'expression et de l'indication, puisque ce sont les mêmes mots qui expriment les significations, désignent les objets, et indiquent les actes ou états mentaux. »[67] Ajoutons-y une seule précision : la communication entre l'indice et l'expression n'est pas en fait un « entrelacement », mais plutôt une résistance réciproque à l'identité de l'une avec l'autre. L'expression résiste à l'identification avec l'indice parce qu'elle ne peut se trouver hors de la zone noématique de l'objet signifié, hors de la zone du sens produit qui constitue au bout du compte l'expression même ; autrement dit, elle ne peut se trouver dans le silence de l'indication. Alors que l'indice résiste à l'expression à cause justement de son intimité avec l'épicentre du sens ; là où s'effectue la différentiation entre le contenu et le signe et donc le blocus du signe renfermant le sens. C'est une reconstruction du modèle de la relation entre le signe et l'objet. Ce modèle devient dans une certaine mesure opposé à celui qui construit l'expression. Prenons, à titre d'exemple, le stigmate. Il est le signe ou l'indice du criminel, signe que nous devons lire comme le signe signifiant, marquant le corps du criminel et montrant que cet homme est bien un criminel. Ce sens est trahi par le stigmate. Nous pouvons donc constater que l'indice prend ici l'aspect d'un signe qui attache l'objet au sens, c'est-à-dire le criminel à son crime, et crée l'être de ce qu'il indique. La présence de l'indice est toujours ontologique, aussi bien que son absence. On peut dire que l'expression résiste à l'indice de manière significative, alors que l'indice résiste à l'expression de manière ontologique. Sur leur résistance réciproque se fonde toute la dynamique noématique du signe.

---

[67] R. Cobb-Stevens, *Op. cit.*, p. 167.

Les procédures logiques s'achèvent par l'élimination de la présence du signe ; à partir de là, c'est l'enchaînement des actes intentionnels qui modifient le sens et qui constituent l'expérience phénoménologique même de la conscience, l'expérience de la réduction. Nous pouvons avancer sans risque que la différence entre l'expression et l'indice s'établit précisément au moyen de la réduction qui fraye la voie à l'idéalité de la chose. Plus loin nous montrerons comment s'effectue la réduction du contenu du signe à la signification et comment la signification devient identique à l'acte de signifier.

4 LE CONTENU ARRACHE

C'est alors que Husserl est confronté à une tâche plus ardue. Si aucun contenu ni aucune signification ne peuvent présenter l'évidence phénoménologique de l'idéalité – identité idéale du sens – en créant l'espace référentiel du signe et en établissant par conséquent les limites de l'objet, alors la phénoménologie doit découvrir cette évidence, en utilisant ses propres méthodes et ses moyens techniques. Une fois détecté cet endroit flou où se cache l'identité idéale et dans quel type d'évidence l'objectivité absolue du sens se donne à la conscience, il est nécessaire de faire un autre pas et d'éclairer de quelle façon nous pouvons aborder celle-ci. Il s'agit ici d'une différence révélée qui surgit et se place entre l'objet et le signe, simultanément au dedans et au dehors de l'espace référentiel. Elle ne peut être fixée par aucune procédure logique, mais, étant liée au sens, cette différence ne peut pas ne pas se refléter dans la conscience de l'individu, où la question de l'idéalité apparaît inévitablement. L'objectivité du sens surgit de cette différence et Husserl la recherche avec le soin du criminologiste. Son existence est peu discernable ; aussi, pour mieux résoudre ce problème nous proposons de voir cette différence comme un événement intentionnel, sans ontologie. Cet événement, et seulement lui, compose l'acte pur de la conscience ; cet acte, dépassant tout autre contenu autre que son intentionnalité ou idéation, se transforme en ultime évidence du sens et s'identifie avec l'objet idéal.

Mais poursuivons notre lecture de Husserl. Dans le § 11 des *RL 2*, intitulé *Les distinctions idéales : tout d'abord entre l'expression et la signification en tant qu'unités idéales*, il écrit : « si la « possibilité » ou la « vérité » manquent, l'intention de l'énoncé ne peut assurément être réalisé que « symboliquement » ; elle ne peut en effet puiser alors dans l'intuition (*Anschauung*)[68], et dans les fonctions catégoriales (*kategorialen Funktionen*) qui doivent s'exercer à partir d'elle, la plénitude qui constitue sa valeur de connaissance. <...> Nous approfondirons ultérieurement cette différence entre signification intentionnelle et signification remplissante »[69]. Pourquoi Husserl demande-t-il si instamment d'établir la différence entre ces deux types de signification ? De quelle sorte de distinction s'agit-il ici ? La première question exige une réponse d'ordre technique : la nécessité de cette différence s'explique par le rapport de ces significations à l'objet. Pour la signification remplissante, l'objet est un point éloigné dans le champ référentiel où cet objet affleure comme simple élément de cette signification même. Il lui appartient ; il n'existe pas *comme tel*. La signification remplissante détruit l'objectité qui perd sa donation originaire ; l'objet reste orphelin. Il n'est pas donné, mais présenté ; présenté comme objet de la signification. Finalement c'est un objet mort, le noème dépourvu de vie.

---

[68] Dans la tradition française le mot *Anschauung* est traduit par « intuition », mais on peut également le traduire par « vision ». Ce choix présente l'avantage d'ajouter un élément mental qui fait partie de la sémantique de ce concept. Mauthner parle de l' « Anschauung von der Sprachgeschichte » (*Zur Sprachwissenschaft: Beiträge zu einer Kritik der Sprache*, Bd. II, 1912) ou, par exemple, Hegel dans le § 449 de l'*Enzyklopädie* décrit le caractère spirituel de l'*Anschauung*, cf. G.W.F. Hegel, *Werke*, hrsg. E. Moldenhauer u. K.M. Michel, Frankfurt a.M., 1969 ff, Bd. 10, p. 255. Dans ce travail nous conservons la traduction traditionnelle.

[69] *Hua* XIX/1, p. 50 ; trad. fr. *RL* 2/1, p. 51.

Le signe signifie la mort de la *Gegenständlichkeit* de l'objet, de son existence phénoménale ; ce qui demeure ensuite est le signifié, donc la mort de l'objectité. C'est elle qui fabrique le seul contenu qui peut être représenté par la signification finale, mortelle. Afin de retrouver son immortalité, qui lui a été primairement accordée par l'originaireté noématique, l'objet doit se soustraire à la finitude de la signification, c'est-à-dire terminer d'être identique à son contenu incarné dans le signe, mais restituer son sens idéal primaire. L'immortalité n'est pas l'opposé de la mort, elle est ce qui la précède. Ecoutons une remarque de Dreyfus : « Si nous voulons préserver le concept des actes remplissants qui correspond à notre expérience de perception des objets et arriver ainsi au terme de cette régression, de sorte que le savoir semble possible, nous devons introduire un sens incarné, tel qu'il ne puisse être abstrait du contenu intuitif qu'il forme »[70]. Ce concept du *sens incarné* est avancé avec une certaine finesse phénoménologique, mais ce sens est assemblé non par sa phénoménalité, mais par les phénomènes de l'objectité. Ces phénomènes peuvent être réunis et présenter une unité du contenu de l'objet, mais pas son sens *idéal*. Précisons : il ne suffit pas, comme le croit Dreyfus, de trouver l'avènement intuitif du sens (parce que l'intuition ne sait pas penser) ; il faut aussi que la conscience intentionnelle redécouvre le sens dans sa sphère initiatrice, où celui-ci commence son chemin, pour être ensuite sacrifié au signe.

Dans le monde actuel, comme nous le rappelle Husserl, le rapport entre la signification et l'objet est assez limpide. Une remarque suffira pour l'illustrer : « <...> si la proposition que l'expression se rapporte à un objet du fait qu'elle possède une

---

[70] H. L. Dreyfus, *Husserl's Perceptual Noema*, dans *Husserl, Intentionality and Cognitive Science*, p. 105. [If we wish to preserve the notion of fulfilling acts which corresponds to our experience of perceiving objects and thus arrive at the end of this regress, so that knowledge is seen to be possible, we must introduce an incarnate meaning, a meaning which is not abstractable from the intuitive content which it forms.]

signification en général est interprétée au sens propre, c'est-à-dire au sens qui implique l'existence de l'objet, l'expression a alors une signification s'il existe un objet qui lui correspond, et elle est sans signification (*bedeutungslos*) si un tel objet n'existe pas »[71].

La signification dont il s'agit ici crée la base ontologique de l'objet. L'objet existe seulement en étant signifié et, étant signifié, il acquiert son être significatif ; il n'existe qu'à l'intérieur de sa signification et nulle part ailleurs. Cet objet est totalement identique à son contenu et se définit complètement par son appartenance à la signification qui le constitue et par son irréductibilité à sa donation originaire. Husserl poursuit en nous avertissant que « en fait, le plus souvent, quand on entend parler de significations, ce sont les *objets* signifiés (*bedeuteten Gegenstände*) qui sont visés sous ce terme ; usage qui s'est maintenu de façon inconséquente, puisque aussi bien il est issu de la confusion avec le concept authentique de signification »[72].

Une telle détermination – *déterminité* – de la signification remplissante, selon Husserl, ne la rapproche pas de la vérité ni ne la rend plus adéquate à l'intention originaire qui demeure toujours hors de la zone de signification. Plus simplement, l'intention reste non signifiée et, par conséquent, non identifiée en tant qu'idéalité originellement conçue. Mais nous nous en souvenons, la question principale tient à porter au jour cette idéalité originaire où la différence entre signification et contenu serait impossible. C'est justement cette impossibilité, même sous sa forme initiale, qui doit, aux yeux de Husserl, être montrée par l'intention, dont la relation à l'objet se construit différemment. Il marque la dissemblance entre ces deux types de signification : « la signification en tant qu'unité idéale (qui doit être qualifiée ici de signification intentionnelle) et la signification remplissante qui lui est, sous un certain rapport,

---

[71] *Hua* XIX/1, p. 60 ; trad. fr. *RL* 2/1, p. 61.

[72] *Hua* XIX/1, *ibid.* ; trad. fr. *RL* 2/1, pp. 61 - 62.

rigoureusement adéquate »[73], Mais pour constituer une telle équivalence abstraite entre les deux significations, le rapport entre elles doit être idéalement établi ; il ne doit être fondé sur aucun contenu empirique et ne doit avoir en lui aucune structure ontologique. Ce rapport doit être logiquement pur, il doit ainsi indiquer l'impossibilité de tous les autres rapports. « Ce rapport idéal est appréhendé par une abstraction idéatrice (*ideierende Abstraktion*) en vertu d'un acte qui constitue l'unité de remplissement. Dans le cas contraire, nous appréhendons l'impossibilité idéale du remplissement de la signification en vertu du vécu de l'« incompatibilité » des significations partielles dans l'unité de remplissement intentionnée »[74]. Bref, l'idéalité est non-ontologique ; elle n'a pas *son* contenu ou, précisons-le : le seul « contenu » de l'idéalité est l'acte même de la signification. Dans le signe phénoménologique l'acte de signifier et la signification sont identiques. Si leurs limites coïncident, cette coïncidence déloge la présence de l'objet et rend à la conscience sa donation originaire. Elle n'existe plus dans l'unité des phénomènes, où elle est toujours conscience du contenu ontologique du signe. La nature de l'idéalité tient à ce qu'elle ne nécessite aucun contenu signifié et résiste même à la signification ; l'idéalité n'est plus un objet. C'est une originaireté sans être, une sphère noématique pure d'où la conscience phénoménologique commence son parcours et arrive à son terminus.

Le signe phénoménologique est un signe au contenu arraché, sans être, libéré de toute ontologie[75]. Si l'on considère

---

[73] *Hua* XIX/1, p. 61; trad. fr. *RL* 2/1, p. 63.

[74] *Ibid.*

[75] Jean-François Courtine propose une autre formulation lorsqu'il parle du caractère intentionnel qui, « du fait même qu'il a un contenu, demeure indépendant de l'existence ou de la non-existence de son objet », cf. Husserl, *La représentation vide*, suivi de *Les* Recherches logiques, *une œuvre de percée*, sous la direction de J. Benoist et J.-F. Courtine, PUF, Paris, 2003, p. 81.

l'objet sémantique, dont le sens est variable et subjectif à sa base, comme un objet « mortel », capable de perdre son sens ou au moins d'égarer son originairété, alors l'objet noématique est « immortel ». Son sens se trouve dans sa donation d'objectité et ne peut être soumis à aucune modification ni à aucune transformation des signes qui l'attaquent. L'objet noématique, créé par la transgression phénoménologique du signe, ne connaît pas la « mort » parce qu'il se trouve, pour ainsi dire, dans cette différence fondamentale avec la « mort » : rien en lui ne peut mourir. En réalité, le contenu signifié peut mourir (il peut sémiotiquement s'effacer). L'objectivité détient le sens dans la conscience, sans cette objectivité le sens aussi peut mourir. Autrement dit, tout ce qui se trouve dans la présence ou en relève peut mourir. La mort de l'objet noématique est impossible parce qu'il n'appartient pas à la présence ni ne la porte en lui. Son identité est marquée non par l'appartenance à la présence mais par la donation originaire, existant avant tout objet et avant toute mort. L'idéalité de cet objet tient donc à son acte de donner – de se donner – qui dirige la conscience vers l'originairété noématique de cet objet, vers le principe des principes.

Dans l'idéalité se renouvelle le sens primaire, il s'y visualise, comme dans un rêve un épisode de l'histoire personnelle oublié ; pour Husserl la visualisation du sens ne s'effectue que par les termes de la logique pure. Dans le § 29, intitulé *La logique pure et les significations idéales*, Husserl énonce qu' « en fait, la logique pure, chaque fois qu'elle traite de concepts, de jugements, de raisonnements, a exclusivement affaire avec ces unités idéales (*idealen Einheiten*) que nous appelons ici significations ; et en nous efforçant d'extraire des liens psychologiques et grammaticaux l'essence idéale des significations, en visant en outre à élucider les conditions a priori, fondées dans cette essence, de l'adéquation à l'objectité signifiée, nous nous trouvons déjà dans le domaine de la logique pure »[76]. La logique pure, c'est la logique des

---

[76] *Hua* XIX/1, p. 97 ; trad. fr. *RL* 2/1, p. 105.

significations libérées, la logique des objets idéaux qui se trouvent au-delà de la grammaire comme au-delà des représentations psychologiques. Elle décrit l'intention qui conduit la conscience à l'évidence et à la vérité authentique de l'objet idéal, où la conscience se rencontre sous sa forme propre de donation primordiale et devient identique à ses actes conscients. Etant libérée de toutes formes d'ambiguïté grammaticale et de béquille psychologique, cette conscience devient non plus la conscience de l'objet et de son contenu mais la conscience de l'objectité comme telle, c'est-à-dire de la signification idéale[77].

---

[77] Dans son article *Husserl on Demonstrative Reference and Perception*, consacré au problème du contenu et de l'objet dans les *RL*, David Smith note : « Husserl carefully distinguished the *content* of an act from the *object* of the act : the object is that of (or about) which the subject is conscious in the act, whereas the content is an abstract entity that embodies the phenomenological structure of the act, the "way" the object is "given" in the act. For Husserl, the object of an act is determined by the content of the act: the content prescribes an object (in a particular "way"), and the object prescribed is the object of an act », cf. *Husserl, Intentionality and Cognitive Science*, p. 194. En indiquant la véritable différence que fait Husserl, Smith ne donne pas néanmoins une interprétation pleinement satisfaisante. La différence entre l'objet et le contenu ne se fonde pas sur le fait que l'objet est objet de la conscience du sujet qui est déterminé par son contenu ni que le contenu incarne la structure de l'acte phénoménologique. La relation entre l'objet et le contenu se constitue en effet par leur différence au niveau de la donation. Smith fait allusion à une telle différence mais n'explique pas sa vraie nature. L'objet n'est pas attribué (*prescribed*) au contenu, comme le décrit Smith, mais n'apparaît qu'au moment où l'objet est signifié, c'est-à-dire quand il apparaît dans la signification en tant qu'objet de l'acte signifiant même. A l'origine, l'objet est donné dans l'intuition d'où il s'enlève par le signe ; le contenu de l'objet ne se trouve pas dans l'intuition mais il est déjà acquis à la surface de la signification même. Cette donation de l'objet (ou mieux : son idée génératrice) dans l'intuition est la base de sa différence avec le contenu. Husserl lui-même explique cela de la façon suivante : « cet acte de viser [l'objet] est, eu égard au fondement de son appréhension, manifestement un acte fondé, en tant qu'il s'édifie sur « l'intuition » de la maison individuelle ou de son rouge un nouveau mode d'appréhension qui est constitutif pour la donnée intuitive de l'idée de rouge (*für die intuitiv Gegebenheit der Idée Rot konstitutiv ist*) », *Hua* XIX/1, p. 114.

Husserl va très loin – voire se contredit – lorsqu'il affirme que toute signification est, en principe, une unité idéale. Pour mieux comprendre son idée il faut plutôt penser à la structure noématique du nombre qui est absolument et toujours unique. « *Un* nombre, c'est, par exemple, *le* nombre 2, mais non un *groupe* quelconque (*irgendeine Gruppe*) de deux objets individuels isolés (*Einzelobjekten*) »[78]. Mais comme nous l'avons déjà vu, cette idéalité, s'exprimant à travers la structure noématique du signe, nécessite une procédure spéciale qui puisse l'ouvrir. Sinon, l'idéalité reste aveugle à sa propre donation et à son évidence. Cette évidence ne peut jamais être donnée dans ce que Husserl appelle « la singularité individuelle », qui se compose toujours de matière empirique et ne peut donc être considérée hors de celle-ci. A partir des singularités individuelles se constitue le contenu de l'objet psychique ; dans un tel contenu, la trace du sujet est toujours présente et joue le rôle de témoin ontologique de son existence. Pour Husserl, c'est un axiome : ce contenu est faux originellement. Celui-ci est extrait par les procédures logiques que nous avons considérées plus haut. Cette extraction a évidement des fondements méthodologiques stricts. Husserl écrit encore : « à la vérité, il est dès lors absolument nécessaire de distinguer entre les singularités individuelles, comme le sont par exemple les choses empiriques, et d'autre part les singularités spécifiques (*spezifischen Einzelheiten*), comme le sont les nombres et les multiplicités (*Mannigfaltigkeiten*) dans les mathématiques, les représentations et les jugements (les concepts et les propositions) de la logique pure »[79]. Cette différence est tout à fait remarquable. Les singularités spécifiques ne sont pas des objets au sens psychique du terme, elles ne portent pas de contenu subjectif pouvant varier, se modifier ni s'effacer : la singularité spécifique, comme le nombre ou toute figure géométrique, ne contient aucun contenu

[78] *Hua* XIX/1, p. 116.

[79] *Hua* XIX/1, p. 115.

en elle-même si ce n'est sa propre signification, qui est donnée originellement. Dans cette signification, une telle singularité est identique à elle-même et se réalise dans sa donation en tant qu'idéalité. Elle se trouve toujours dans les coulisses de toute modification linguistique, représentation psychologique, mutation sémantiques, ambiguïté, mort courte ou longue existence ; cette singularité est toujours cachée dans l'évidence de son sens. Un théorème mathématique ou géométrique présente des formes de singularités spécifiques déployées, dans lesquelles le sens est exprimé par la structure purement logique de leur contenu. Son objet se trouve originellement non dans la conscience du sujet mais dans l'action idéatrice même qu'elle produit. L'action idéatrice de la singularité spécifique constitue la donation originaire, souvent séparée de l'objet par la couche sémiotique. Son idéalité s'y évanouit. Ainsi, toute la difficulté à laquelle nous nous sommes heurtés ici tient à notre tentative de voir l'immortalité des choses, leur idéalité retrouvée.

II LE PHONEME ET LE PHENOMENE

Τὸ δέ γ' ἐρωτηθέν, ὦ Θεαίτητε, οὐ τοῦτο ἦν, τίνων ἡ ἐπιστήμη, οὐδὲ ὁπόσαι τινές· οὐ γὰρ ἀριθμῆσαι αὐτὰς βουλόμενοι ἠρόμεθα ἀλλὰ γνῶναι ἐπιστήμην αὐτὸ ὅτι ποτ' ἐστίν.[80]

Platon

Théetète

1 ENTREE DANS LE PROBLEME

Peut-être viendra le jour où la nécessité humaine habituelle de diviser le temps en trois périodes – passé, présent et futur – nous semblera étrange et accablante. En d'autres termes, la division du temps n'est-elle pas un « malentendu » ontologique (ou linguistique[81]), suscité à la fois par la

[80] Mais ce qu'on te demandait, Théetète, n'était point cela: ni sur quoi porte la science, ni combien il y a de sciences. Ce n'est point, en effet, dans la pensée de les dénombrer qu'on t'interrogeât, mais pour savoir ce qu'est, en soi, la science.

[81] Le concept du temps, bien évidement, n'a jamais été rigide, il a profondément évolué à travers l'histoire humaine vers une abstraction théorique. Il suffit pour s'en convaincre de mentionner qu'à l'époque de l'antiquité indo-européenne, nous ne trouvons pas de terme aussi généralisant que notre « temps ». La perception du temps (sur les flous temporels) était alors plus concrète. Gonda écrit : « <...> the remarkable fact that many ancient words for "time" in Indo-European languages do not cover our modern concept of time, the fundamental conception involving recognition of the ideas of before and after, past, present, and future, in the sequence of events », J. Gonda, *The Character of the Indo-European Moods*, Wiesbaden, 1956, p. 26. En voici quelques exemples : le grec ὥρα signifie une période fixe et

nécessaire dépendance de la réalité et par une pudeur quotidienne réticente à la mise en ordre du monde des matérialités ? Tantôt au moyen de nouvelles découvertes scientifiques, tantôt au prix de révolutions philosophiques, il est possible de voir que la relation entre la conscience et le temps, celle qui est constituée au travers du système des différences, est beaucoup plus obscure et plus embrouillée que le rapport entre le signe et l'objet, entre la signification et la réalité. Mais si nous posons à titre d'hypothèse que ni du côté de la structure ni du côté de la signification nous ne pourrons vraiment approcher la nature de cette relation secrète, reste une question inéluctable : quelle est la véritable relation entre la conscience et le temps ? Comment peut-on écrire le canevas phénoménologique de leur relation ? Répondre à cette question n'est pas notre objectif ici, cela serait sans doute trop ambitieux. En revanche, nous tenterons d'éclaircir la possibilité phénoménologique d'une telle réponse. La justification de cette tentative est, semble-t-il, donnée par Husserl dans

---

naturelle (printemps) ainsi que les révolutions périodiques du jour et de la nuit ; il peut également désigner le temps des rites, agricoles ou matrimoniaux. Le mot καιρός, parmi ses nombreuses significations, désigne un temps particulier ou le temps d'un événement perçu par le sujet ; c'est le temps psychologique. Χρόνος est en revanche le temps « cosmique » (ou cyclique) qui correspond à *kāla-* en sanskrit et a aussi ses périodes internes bien définies. Dans *Constitution d'Athènes*, Aristote distingue ces deux termes : « καὶ ἐπολιτεύθησαν Ἀθηναῖοι καλῶς καὶ κατὰ τούτους τοὺς καιρούς <...> περὶ τὸν χρόνον τοῦτον τά τε εἰς τὸν πόλεμον ἀσκῆσαι... » [à ce moment-là encore les Athéniens étaient bien gouvernés <...> à cette période ils eurent été bien préparés à la guerre...], *ΑΘ.ΠΟΛ.*, XXIII, 2.

Selon Robinson, χρόνος « is time measured by the chronometer », J.A.T. Robinson, *In the End, God...*, London, 1950, p. 45. En avestique *yār* signifie « un grand tour, "year" », dont la sémantique est proche de sanskrit *ṛtu-* « le temps qui re-tourne, le temps fixé » et aussi « l'ordre cosmique » établi par les divinités. Pour connaître plus avant les débats sur ce sujet, cf. M.S. *Ruipérez, Estructura del sistema de aspectos y tiempos del verbo griego antiguo, Salamanca*, 1954, p. 48 et passim ; de même A. Meillet, *Aperçu d'une histoire de la langue grecque*, Paris, 1965 ; J. Barr, *Biblical words for time*, SCM Press, London, 1962.

l'*Introduction* aux *Leçons pour une phénoménologie de la conscience intime du temps* (abrégées *Leçons*), où le problème du temps est mis en évidence : d'où l'idée du passé nous vient-elle? Il faut d'abord clarifier une chose : comment, chez nous, qui existons et pensons dans le présent, apparaît l'intérêt pour le passé ? Les questions qui nous viennent au présent ne sont que le spectre du passé. Mais il faut penser ce problème phénoménologiquement, donc penser l'objet en créant les conditions de son existence. Ainsi : l'acte de penser est la condition de l'objet.

Nous avons vu que la tâche de Husserl était de reconstituer l'idéalité du sens, qui n'a ni extériorité ni intériorité. Dans la *Krisis*[82] Husserl critique l'idée naturaliste de l'opposition entre « expérience interne » et « expérience externe » parce que cette idée fonde la structure binaire psychologique du vécu humain. Cette structure doit donc être ôtée pour libérer le flux temporel, celui du présent où intérieur et extérieur se trouvent imbriqués l'un dans l'autre. Plus grave : l'idée husserlienne tient à établir entre eux une identité totale et irréductible qui ne peut être détachée de l'acte *egoïque* de la pensée, c'est-à-dire de l'acte qui, par lui-même, crée la présence de cette identité. Il s'agit en fait de la nécessité de détruire le modèle précédent du savoir métaphysique qui était, selon Husserl, non le modèle du savoir lui-même mais celui de sa représentation dans la réalité. C'est pourquoi la conscience, qui vise à éliminer la signification de l'objet, doit quitter ses positions bien établies, c'est-à-dire celles de la conscience du signe. Cette conscience doit ensuite créer une idéalité qui

---

[82] E. Husserl, *Die Krisis der Europäischen Wissenschaften und die transzendentale Phänomenologie*, *Hua* VI, hrsg., W. Biemel, Martinus Nijhoff, Haag, 1954, p. 64 et passim. L'idée principale de la *Krisis*, donnée *post hoc*, est de fonder les possibilités d'une nouvelle méthode qui pourrait éviter la distinction métaphysique entre l'ego transcendantal et la conscience quotidienne. Ou : comment trouver la base méthodologique pour réconcilier le *Je* transcendantal et le *Je* historique factuel et comment conduire cette différence fondamentale à l'identité fondatrice ? Nous verrons par la suite que le problème restera irrésolu.

précède toute signification. Chez Husserl la conscience subjective, une fois émancipée de la présence du signe, de la dictature du signifiant, se porte vers ses propres actes qui constituent la seule condition possible de son existence. Ainsi la conscience piste cet acte dans lequel elle trouve son expérience intrinsèque et ne laisse aucun indice de sa présence. Ce jeu de piste (appelons-le *opération phénoménologique primordiale*) pourfend l'unité du sens et du signe et détruit l'ordre vécu de la référence. Si cette destruction est la seule possibilité de la conscience du sujet pour composer une histoire idéale, alors l'ancienne conception métaphysique du savoir risque de ne plus être qu'une métaphore historique.

2 L'IDENTITE ET LA DIFFERENCE

L'opération phénoménologique primordiale a pour but de reconstruire les principes fondamentaux du savoir, ceux-là mêmes qui libèrent notre pensée de la dépendance des objets matériels. Autrement dit, chez Husserl, le savoir s'auto-engendre à partir de sa condition idéale, qui est du même coup son action idéale ; condition et action achèvent ainsi une correspondance intentionnelle, en laquelle consiste l'identité transcendantale. Ce rapport idéal et réciproque entre la condition et l'action érige la première activité de la conscience, qui insère dans le savoir du sujet le principe de la différence irréductible à l'égard de toutes les autres modalités du savoir. Le monde des phénomènes purs, reconstitué par la conscience phénoménologique, est simultanément condition et action.

De ce fait, la constitution de l'identité transcendantale, dans laquelle cette duplicité entre en vigueur et où, par conséquent, elle est elle-même le foyer constituant cette identité, est la tâche la plus importante sans laquelle la science phénoménologique ne serait restée qu'une légende métaphysique. Mais ici se révèle un paradoxe qui doit être mis en évidence en lisant les *Leçons*. L'identité transcendantale qui construit le savoir, répétons-le, à l'aide de la duplicité idéale (ou correspondance intentionnelle entre la condition et l'action), ne saurait cependant être présentée comme une identité. Il n'y a pas d'identité unique, ou telle qu'elle puisse être retenue dans l'unité de ses actes et limites. D'une façon générale, penser à quelque possibilité de limitation, c'est-à-dire voir une limite de l'identité – en formant la plénitude de son mode noématique –, est en soi une tâche phénoménologique plus difficile[83]. On pourrait même noter que l'idéalité de cette identité reste en tout cas introuvable et inconnue. Plus précisément, la totalité noématique que Husserl tend à isoler du monde et qui, à ses yeux, assure l'identité absolue entre le sens et l'objet est en fait la genèse de toutes les différences. Pour apparaître à la surface idéale du sens, l'histoire doit s'arracher totalement à ses

---

[83] La plus grande difficulté de cette tâche, que d'ailleurs Husserl lui-même n'a pas résolue, tient à ce que la totalité noématique de l'identité ne peut jamais être enregistrée au moyen des actes intentionnels ; en d'autres termes, l'espace noématique, dans lequel se passe la totalisation de l'identité comme unité de sens et comme limiteur idéal s'élargit toujours, en se complétant par les nouvelles singularités intentionnelles qui se disséminent ensuite sur toute la superficie de cet espace. Le flux intentionnel touchant à l'identité a, semble-t-il, une alternative : soit fusionner avec cette identité, c'est-à-dire augmenter son épaisseur noématique, soit différencier cette identité, en détruisant l'unité noématique du sens lui-même. Pourtant, cette alternative n'est pas seulement une hallucination phénoménologique. Dans ces deux cas, l'intentionnalité visant l'identité produit la différence noématique qui à son tour neutralise la totalisation elle-même. En bref, la totalité noématique de l'identité est toujours enfermée dans cette différence par laquelle elle acquiert son propre sens. Le total noématique n'est ainsi que la différence dont l'action se double constamment par elle-même, en la présentant tantôt comme l'activité génératrice, tantôt comme la condition idéale.

Husserl l'accorderait sans doute : l'identité noématiquement totale, ayant englouti la superficie de la différence, ne voit *plus* la nécessité de doubler l'action par la condition ni la condition par l'action et achève donc la procédure de la détemporalisation du sens en risquant de se rabattre sur le monde et d'y rester en tant que résidu sédimentaire. Dans les *Ideen I* ainsi que dans *L'origine de la géométrie*, Husserl fait allusion au fait que les singularités noématiques, en même temps qu'elles se partagent l'objecticité idéale, sont toujours liées au sens par l'action différenciante de la conscience. Ce thème, nous le verrons, sera l'un des principaux des *Leçons*. Husserl énonce ainsi la difficulté cruciale de toute sa science phénoménologique : comment, avec des actes ôtant la différence, créer puis retenir un type de totalité noématique qui pourrait éviter le danger de la sédimentation ?

structures factices ; tâche exigeante, d'autant plus que l'idéalité ne devient jamais le lieu des opérations identifiantes, où tout sens se résorbe enfin dans la réalité et s'évanouit. C'est dire que l'idéalité, qui ne se décèle qu'à travers l'histoire immédiate de l'intentionnalité, est en fait le lieu où le sens disparaît dans l'objet ; il y disparaît à vrai dire sans avoir touché la présence, à la manière d'une impulsion cosmique sans aucune durée. Cette disparition provoque un cataclysme dans l'histoire factice et l'origine du monde noématique, où sous le mot « histoire » on prendra l'ordre de l'anéantissement des facticités et de la transmission du sens aux autres espaces que le signe, aux espaces qui ont une profondeur noématique maximale.

Car la profondeur noématique la plus grande peut être atteinte, quoi qu'en ait pensé Husserl lui-même, non par l' « enkystement » du sens ni même par l'ivresse de la facticité pure, mais seulement par un certain changement topologique du sens même. De la sphère de la présence historique, créée par le système des identités dominantes, le sens se transpose dans la sphère de la présence phénoménale où il n'y a rien exceptées les différences pures, qui constituent la nouvelle condition du sens. L'importance phénoménologique de cette transposition du sens tient à ce qu'elle révèle un fait essentiel : la différence et la présence ne coïncident jamais l'une avec l'autre. La présence phénoménale dérive de la différence, elle s'identifie à elle-même par la différence mais, en doublant l'acte de la naissance du sens, elle demeure toujours au-delà de la singularité du sens dont la vie noématique n'est pas plus longue que la procédure de la différence même[84]. En évinçant cette circonstance, Husserl

---

[84] Il faut dire que le problème de la relation entre le sens et la signification, entre la différence et l'identité, faisant l'unité d'un objet, n'a pas été posé par Husserl. Il l'a reçu de la tradition historique comme une question métaphysiquement donnée et l'a laissé, hélas, sans aucune réponse. Il semble que la résolution de ce problème n'ait pas paru assez urgente à Husserl, même au moment où il a rendu compte de la nécessité de construire une histoire noématiquement pure ; c'est-à-dire d'écrire l'histoire de la totalité du sens et de distinguer l'historicité phénoménale de l'histoire du monde. Les premières allusions à ce projet apparaissent déjà dans les *Ideen I* (par exemple, §§ 91 -

prend la différence comme base transcendantale de sa conception entière du sens. Il identifie la substance du sens avec la différence primordiale – rappelons-nous la différence entre le *Je* transcendantal et le *Je* quotidien –, émettant ainsi l'idée de la *présence transcendantale* (il semble que Husserl lui-même n'ait utilisé cette notion nulle part). Une telle présence est le lieu vers lequel s'acheminent les actes phénoménaux et où ainsi la différence se charge du contenu intentionnel. Cette dernière opération, précise Husserl, donne au sens la possibilité de se dégager des différences factices afin d'acquérir ensuite le caractère d'une identité idéale. La tâche du sens, après avoir quitté le signe, tient à ce qu'il doit faire de lui-même l'événement de la présence. Celui-ci est irréductible et

---

140), où Husserl porte son intérêt sur l'histoire, préalablement purifiée de toute pollution référentielle, comme un champ possible des identifications intentionnelles. Cet état de chose est d'autant plus surprenant que Husserl, en se risquant à mettre en cause la valeur de sa révolution méthodologique, accepte le caractère irrévélé de la relation entre la différence et le sens ainsi que leur identité comme soutien instrumental de la conscience phénoménologique.

Sans doute le début du travail de cette « machine à différencier » a-t-il été marqué par Platon ; il fut le premier à poser la primauté de la différence dans le savoir comme tel. Par exemple, dans *Le Sophiste*, Platon dit : ΞΕ. Διαιρετικά που τὰ λεχθέντα εἴρηται σύμπαντα . ΘΕΑΙ. Ναί. ΞΕ. Κατὰ τὸν ἐμὸν τοίνυν λόγον ὡς περὶ ταῦτα μίαν οὖσαν ἐν ἅπασι τέχνην ἑνὸς ὀνόματος ἀξιώσομεν αὐτήν. ΘΕΑΙ. Τίνα προσειπόντεσ; ΞΕ. Διακριτικήν. [*L'étranger.* — Tous ces arts, dont nous parlions à l'instant, s'appellent les différents. *Théétète.* — Oui. *L'étranger.* — A mon avis, puisque tous cela revient au même art, alors il faut donner à cela un nom unique. *Théétète.* — Et comment l'appellerons-nous? *L'étranger.* — L'art de différencier], cf. Platon, *Œuvres complètes,* t. VIII, 3ᵉ partie, texte établi et trad. par A. Diès, Les belles lettres, Paris, 196 3, 226 c (Traduction modifiée).

Dans la *Krisis* Husserl parle plus d'une fois de la dépendance de la conscience d'orientations historiques qui à leur tour produisent des enchaînements empiriques entre des idées et des vécus, entre le sens et l'identité et, plus important, entre l'action et la condition. La question qui apparaît inévitablement est la suivante : pourquoi Husserl a-t-il préféré garder le silence à propos du problème de la différence et, disons-le, de son activité *déphénoménologisante* qu'il fait transcendantale à double titre : du côté de l'action et de celui de la condition ? Nous reviendrons plus loin sur ce sujet.

irreproductible dans aucune identité historique. Cette présence, dont Husserl fait son plus grand enjeu, ne peut être nommée *transcendantale* que dans la mesure où elle assure l'activité intentionnelle de l'*ego* et la protège de toutes les tentatives de considérer cette activité comme une force objectivante. La présence transcendantale, dont l'exemple est l'*épochè*, détruit toute objectivité de l'identité entre le sens et la signification en la transformant en une série de singularités quasi-identiques[85].

3 DIFFERENCIER

Cette transformation se déploie peu à peu, avec précaution mais rigueur, dans la phénoménologie. La série des singularités quasi-identiques – laquelle, en circulant toujours et partout sans risque de s'arrêter une seule fois, est ouverte et ne se laisse jamais déceler – s'établit de plus en plus solidement dans la conscience du sujet transcendantal. Il réalise son travail intentionnel à travers cette série, où le sujet commence à perdre ou à changer l'unité noético-noématique de sa conscience. Au cours du travail intentionnel, le sujet transcendantal découvre que l'unité de sa conscience est au mieux *psychique*, mais non *phénoménale*. On peut en donner des exemples : les actes psychiques, les signes, les discours ainsi que tous les

[85] Comment visualiser l'objet idéal à partir duquel le monde est « copié » ? C'est la question *intérieure* de la phénoménologie, qui toutefois résulte de la première question méthodologique – que nous avons notée ci-dessous – celle de la duplicité réciproque entre la condition et l'action. Cette visualisation est absolument nécessaire : d'une part, elle crée la possibilité de la totalisation noématique de la conscience ; d'autre part, l'activité intentionnelle de la conscience pourrait ainsi devenir la vraie condition de son existence. On le verra : le sujet transcendantal dont l'identité, selon Husserl, est fondée sur l'unité des actes constituants est loin d'être protégée de la différence détruisant sa propre totalité noématique. La différence fondamentale entre le « Je » transcendantal et le « Je » mondain, posée par Husserl comme l'avènement de l'analyse phénoménologique, ne reste pas seulement « comme telle ». La situation dramatique de la science phénoménologique tient à ce que cette différence donne ses métastases, en transformant notamment l'activité intentionnelle de la conscience en une série d'impulsions singulières.

événements psychologiques sont des unités non-phénoménales. Ce qui est soumis à la réduction transcendantale ne redevient pas un « objet mondain », ne revient pas au monde ; c'est un voyage sans retour. La réduction transcendantale réduit à la conscience tout ce qui ne lui appartient pas. Soumises à cette réduction, les unités sont des fonctions de différenciation (noématiques)[86] qui, d'ailleurs, ne se connaissent pas elles-

[86] Il faut noter ici que les fonctions de différenciation dont l'action ne se manifeste que dans la phénoménologie – dans la réduction transcendantale – s'opposent, à un certain degré, à l'activité sémiotique du langage. Autrement dit, ce mécanisme qui chez Husserl apparaît sous les formes de la réduction transcendantale, de la construction des faisceaux noématiques du sens ou comme actes intentionnels neutralise la valence sémiotique de chaque acte de langage et détruit donc la présence en tant qu'espace de corrélation entre l'action et la signification. Le signe, ôté de la présence, devient à la fois un élément de l'histoire intentionnelle et un segment de la réalité noématique mais, doté de ces deux qualités, il perd sa faculté de s'identifier à une chose (vers laquelle il tend) et de participer ainsi à la création d'un sens. Le sens, c'est la distance entre la présence et la différence, cette dernière ne nous étant jamais donnée per se. Mais le signe sans la présence est « déjà » phénomène (ou phonème) qui, au contraire du signe, s'identifie seulement à l'action phénoménale *comme telle*, c'est-à-dire à ce qui ne se double pas ni ne se reproduit au niveau des enchaînements de sens. De plus, les fonctions de différenciation qui, nous le verrons, protègent l'*ego* transcendantal de la « réelisation », fabriquent une série de singularités quasi-identiques précisément pour laisser la présence perdue entrer dans la transformation infinie du signe en phénomène. La réduction transcendantale, qui fonde la vie intentionnelle du sujet, aboutit toujours à cette transformation ; c'est-à-dire que la conscience égoïque rencontre la différence qui n'est en réalité ni noématique ni sémiotique, mais a la nature de l'*actité* pure intentionnelle. Le problème tient ici à ce que la saisie d'un phénomène n'est pas l'acte de son identification ; en situation ordinaire cela devient totalement impossible. Cette saisie est ce qui épargne le phénomène comme singularité quasi-identique. Comment pouvons-nous saisir le phénomène *comme tel* si son existence n'est qu'une *actité* différente ? Comment alors parler de l'expérience transcendantale de l'*ego* si cette expérience est hors de toute présence ? Bref, où se trouve vraiment la conscience du sujet transcendantal ?

Dans *La voix et le phénomène*, Derrida parle à ce sujet d'une expérience totalement nécessaire : « Le domaine de l'expérience psychologique pure recouvre, en effet, la totalité du domaine de ce que Husserl appelle l'expérience transcendantale. Et pourtant, malgré ce *recouvrement* parfait, une différence radicale demeure, qui n'a rien de commun avec aucune autre

mêmes. Par exemple, le théorème cartésien *cogito, ergo sum*, réduit transcendentalement, a pour résultat *cogito, ergo mundus est*. L'acte de penser de l'*ego* transcendantal n'implique pas son existence, mais engendre l'existence du monde. Plus exactement, il donne au monde une possibilité d'exister. Par comparaison : dans la philosophie indienne (du Védānta) l'*ātman*[87], qui existe lui-même sous la forme de *puruṣa* (premier homme), est un principe universel qui conditionne l'existence de toute chose. Par son premier énoncé : « je suis » il se donne

---

différence ; différence qui ne distingue rien en fait, différence qui ne sépare aucun étant, aucun vécu, aucune signification déterminée ; différence pourtant qui, sans rien altérer, change tous les signes et en laquelle seulement se tient la possibilité d'une question transcendantale », p. 10. Il s'agit ici de la différence husserlienne primordiale entre le *Je* transcendantal et le *Je* quotidien, celle qui, en fait, bloque toute possibilité d'accepter cette différence comme une expérience, ou plutôt comme la base de la vie transcendantale elle-même. Avant d'exister entre ces deux « Je », la différence devait être soumise à une délocalisation totale, c'est-à-dire à ce qui peut détruire son *propre* sens et, d'une certaine façon, la laisser s'exfolier de l'idéalité noématique même. Si la possibilité d'une telle exfoliation, fondée sur un unique acte de différencier, est donnée au sujet en tant que condition d'expérience transcendantale, il suffit que ce sujet ait produit en lui-même la première impulsion intentionnelle pour voir toute l'infinité génératrice de l'impossibilité de cette expérience. L'exfoliation de la différence de l'idéalité noématique est l'événement permanent (plus précisément : c'est un événement spatial où le temps joue seulement un rôle communicatif, c'est-à-dire qu'il marque la présence de cet événement mais jamais sa durée éventuelle ou toute autre temporalité qui pourrait « trahir » cet événement à la conscience) qui se répète dans chaque acte intentionnel, dans chaque action réductrice, dans tout le travail phénoménologique. A vrai dire, c'est l'événement à partir duquel devient possible une construction de la conscience intentionnelle : celle qui met à nu l'infinité de cette répétition, détruit énigmatiquement sa propre expérience transcendantale. Cela est d'autant plus important que la vie de l'*ego* transcendantal est fondée sur ce qui ne peut être inclus dans l'expérience de cette vie, c'est-à-dire qu'elle est fondée sur quelque chose que nous appelons la *présence transcendantale*, dont nous essayerons d'expliquer la fonction plus loin dans notre analyse de la phénoménologie husserlienne.

[87] L'étymologie du mot est obscure. M. Mayrhoffer compare *ātmā* (Hauch, Seele, Selbst) avec ἦτορ (Herz) cf. *Krurzgefaßtes etymologisches Wörterbuch des Altindischen*, Bd. I, Carl Winter, Heidelberg, 1956.

en tant que seul et unique, transcendantal si l'on veut, et met en évidence sa puissance créatrice qui s'actualise dans la possibilité même de l'existence du « tout ». En revanche, ce « je suis » est une totalité en soi, cohésion primaire du savoir et de l'être. Cet énoncé ne différencie pas l'*ātman* du « tout » qu'il crée[88]. Pour laisser vraiment le monde apparaître, l'*ātman* oublie son savoir indifférent et permet ainsi au « tout » de revêtir des formes empiriques. Puis, sous ces formes, le monde prend vie dans toute sa diversité en gardant toujours une présence de l'*ātman*. Celle-ci unifie le monde empirique dont le but principal est, le temps des souffrances terminé, de retourner à son berceau transcendant. Nous ne dévierons pas de la vérité si nous disons que le *Je* transcendantal unifie la réalité empirique par sa présence qui est « distribuée » parmi toutes les choses du monde. Distribuée veut dire *différenciée* dans toute chose réelle. Cette dernière est, par conséquent, identique au *Je* transcendantal autant que cette présence y est reconnaissable.

C'est en pensant à la production phénoménologique du sens, c'est-à-dire au noyau d'identité dont il va falloir déterminer la place (et dont le noématisme est inséparable de la conscience elle-même), que Husserl conçoit la dilatation infinie noématique de la différence qui a pour originalité de pouvoir en droit se trouver elle-même sans aucun sens et d'épuiser d'autant plus le sens comme une force constituante. La différence créatrice détourne de l'intérieur cette force du sens et relâche les structures significatives du signe (où il est recueilli) qui ne peut résister à la destruction totale de l'espace du sens ni retenir le

---

[88] Le texte des Upaniṣat (Oupanichads) dit : « En vérité, je suis la création, car c'est moi qui ai tout produit » [so 'vet : ahaṃ vāva sṛstir asmyahaṃhīdaṃ sarvam asṛkṣīti], cf. *Bṛhadāraṇyaka-Upaniṣad*, trad. et annotée par E. Senart, Paris, 1967, IV : 5 (Translittération modifiée). A ce propos M. Hulin précise : « L'*ātman* est substrat inerte et muet, simple pôle de référence de la variété des expériences concrètes <...> Il est ici simple capacité abstraite de connaître, de jouir et d'agir... », *Le Principe de l'ego dans la pensée indienne classique. La notion d'ahaṃkāra* , De Boccard, Paris, 1978, p. 66 ; O. Lacombe voit dans l'*ātman* une « personne » qui... resterait toujours à la 3e personne », cf. *L'Absolu selon le Védānta*, Paul Geuthner, Paris, 1937, p. 52.

processus de transformation du signe en phénomène. Le signe et le phénomène se trouvent pour ainsi dire chacun d'un côté de la différence. Ils n'ont jamais d'unité de lieu ni de temps, mais une disjonction phénoménologique ; c'est de là en effet que procèdent tous les types de singularités quasi-identiques qui ne laissent le sens s'imbriquer que là où des surfaces lui ont été abandonnées. Pour s'en assurer, la transformation du signe en phénomène n'est possible qu'à travers le système de ces singularités : le signe, couvert par le flux intentionnel, s'efface de la présence et échappe à sa propre identité. En même temps la présence historique, qui siège à jamais sous le signe, transpire et détruit la possibilité même de signifier ou d'être signifiée. La présence biffe en elle l'*H*istoire. Pour le signe il est suffisant de ne plus avoir la puissance de détenir la présence en soi-même ; le signe perd sa capacité de réaliser la présence sous la forme de l'identité à soi-même. Le signe vide de la présence implique à la fois le plus haut degré de la phénoménalité et le moindre degré de la signification. Ainsi, ce signe qui ne signifie rien, pas même sa propre mort, exacerbe la logique essentielle de la relation entre l'identité et la présence phénoménale et fait apparaître toute la puissance potentielle de leur rapport, qui n'atteint la conscience de l'*ego* qu'après la mort du signifiant.

Cette logique tient à ce que l'identité et la présence phénoménale, en disparaissant et renaissant l'une dans l'autre, fondent l'invariance idéale du sens qui ne peut être redécouvert dans le signe. Compte tenu du caractère de cette idéalité, dont la teneur en vérité est indiscutable, Husserl désignera plus loin la condition de sa présence en tant que flux sonore, ou bien simplement comme son. Le temps de l'idéalité, du sens idéal, doit parfaitement coïncider avec l'acte du différencier, donc avec celui de l'acquisition de cette idéalité dans la présence. Voici les propres mots de Husserl : « Dans le processus sonore se trouve l'unité du son, qui dure pendant le processus, et réciproquement l'unité du son est unité dans la durée remplie (*Einheit in der erfüllten Dauer*), c'est-à-dire dans le processus (*Vorgang*). Si donc quoi que ce soit est déterminé comme étant dans un instant, il n'est concevable que comme phase d'un processus, en qui aussi la durée d'un être individuel a son point »[89].

On expliquera ainsi que la vraie nature du sens est de découvrir la logique de la relation entre l'identité et la présence ; elle découvre la logique de la totalité réciproque entre et en eux-mêmes, où le sens occupe toujours une place intermédiaire ou transitoire. Il faut y prendre garde : là où existe la possibilité de l'idéalité noématique existe aussi le moyen de créer le sens comme saisi à l'instant où a lieu la différence. N'est-ce pas cette démarche méthodologique qui absorbe et effarouche Husserl par son équivocité ? Husserl n'avait-il pas écrit dans les *Leçons* : « Par principe, chaque phase d'un changement doit être étalée en un repos, et chaque phase d'un repos conduite au changement. Si nous comparons maintenant à ces unités constituées les phénomènes constituants, nous trouvons un flux, et chaque phase de ce flux est une continuité d'éclipses (*Abschattungskontinuität*). Mais par principe il est impossible d'étaler une phase de ce flux en une succession continue (*eine kontinuierliche Folge*), et de transformer donc en pensée le flux à tel point que cette phase s'étende en identité avec elle-même[90].

La place du sens, comme nous le voyons, se trouve dans la duplicité génératrice. Car le signe ne peut devenir phénomène qu'après avoir perdu son identité, ou plutôt l'identité qui apparaît par son adhérence à la présence et disparaît avec la cessation de cette adhérence. On peut dire que le signe sans adhérence à la présence devient phénomène. Pourtant, l'effacement phénoménal de la présence est ce que Husserl avait effectivement opéré au moyen de sa conceptualisation de la différence phénoménologique entre le *Je* transcendantal et le

---

[89] *Vorlesungen zur Phänomenologie des inneren Zeitbewußtsein (1893 - 1917)*, *Hua* X, hrsg. R. Boehm, Martinus Nijhoff, Haag, 1966, p. 74 ; Edmund Husserl, *Leçons pour une phénoménologie de la conscience intime du temps*, trad. par H. Dussort, PUF, Paris, 1964, p. 98.

[90] *Ibid.*

Je quotidien ; différence qui, selon le projet husserlien, doit établir un vide transcendantal – qui est le contraire de la présence habituelle – *dans laquelle* se trouve la désagrégation du sens et ainsi de la structure de l'identité, puis la naissance d'un espace purement différentiel. Tout en reconnaissant la nécessité d'une différence et l'importance de son rôle méthodologique, Husserl, à notre connaissance, ne parle nulle part de la force déstructurante de cette distinction. Le monde noématique que Husserl se propose d'inaugurer comme monde des identités idéales de sens est, à vrai dire, un monde où toute identité achève sa limite. L'acte d'identifier n'est pas le moyen de fabriquer le sens, ni celui qui permet d'installer le sens dans l'objectité *objective.* L'impossibilité de cette installation signifie seulement que l'alliance métaphysique entre le signe et le sens, fondée dans l'objectivité de la présence, tire à sa fin.

4 SANS SIGNE

En effet, le monde noématique, qui s'établit dans les limites du nouveau savoir, est un monde sans signes. C'est un fait que Husserl lui-même n'a pas spécifié en détail et que nous devons considérer dans toute sa gravité. Comment penser le monde sans signes, comment être ou être écrivant dans l'espace des transformations phénoménales, de transformations qui ne définissent ni le lieu, ni le temps de leur « transformativité »?

Récapitulons : le monde noématique dans lequel la conscience atteint la plus grande identification avec elle-même, celui où cette identification est déjà une sorte de conscience de la vérité, est un monde dont la signification est annulée. Dans ce monde, les signes et tout l'espace significatif, selon Husserl, sont assimilés à l'objectité pure, où il n'existe pas de lieu du sens mais seulement la complétude noématique. C'est ce que l'on pourrait appeler une densité qui, à son maximum d'identité, localise le sens tant hors du signe que hors de la chose empirique. Prenons-y garde : la situation est ici plus complexe parce que le monde noématique, ayant annulé le signe comme fonction constituante, détruit aussi toutes les conditions de son existence, c'est-à-dire les conditions où nous pourrions avoir l'expérience de ce monde et où nous pourrions ainsi créer un mode de présence, tel un horizon constamment présent. Voici comment Marion le suggère : « Le primat de la présence se déploie comme un horizon d'autant moins dépassable qu'il ne se donne pas comme un tel horizon, qu'il se réserve et se dissimule pour ainsi dire dans sa neutre évidence. Ainsi l'écart entre la chose (apparaissante, transcendante) et le vécu (immanent, en quoi apparaîtrait la chose) ne se creuse, en une opposition que Husserl ne craint pas de qualifier du titre de « point culminant » de sa méditation, qu'en comprenant l'un et l'autre terme de l'opposition selon la donation en chair et en personne, donc selon la présence « ... »[91].

Or, en supposant que ce monde soit néanmoins réalisable, nous devons reconnaître que le monde sans l'expérience de la présence, s'ôtant du signe et disparaissant dans la réflexion phénoménale, évite son propre être. Puis, force est de constater – répondant peut-être au désir de Husserl – que ce monde ne peut être identifié de l'intérieur de son existence, cette existence ne se remplissant pas du monde, mais devenant le monde des actions noétiques.

L'expérience noématique de la conscience crée les archives de l'idéalité ; contrairement aux archives mondaines, elles ne deviennent pas de plus en plus « anciennes ». Le temps ne les affecte pas. Mais archiver le monde dans un noème, l'incarner dans une idéalité, de même que toute tentative visant à expliquer les énigmes de l'univers par une formule physique, est une utopie à laquelle Husserl reste fidèle jusqu'à la fin de sa vie. Dans la *Krisis*, son testament, où il parle d'une bataille manichéenne entre la vieille philosophie « sceptique » et la philosophie rationnelle – philosophie comme science exacte –, Husserl précise : « Lorsque nous parlons aujourd'hui de mesure, de grandeurs de mesure, de méthodes de mesure, de grandeurs tout court, nous pensons en règle générale à des mesures et

---

[91] Jean-Luc Marion, *Réduction et donation*, p. 88.

grandeurs « exactes », toujours reliées d'avance aux idéalités ; de même il nous sera difficile (*wie es uns auch schwer wird*) – ce qui pourtant nous est maintenant très nécessaire – d'accomplir par abstraction l'isolement des remplissements sensibles, c'est-à-dire, dans une contre-abstraction (*Gegenabstraktion*) universelle opposée à celle qui produit le monde universel des formes, de traiter, pour ainsi dire, le monde corporel <...>[92] Le but final de la phénoménologie ne reste donc qu'un projet pour l'humanité à venir ; la tâche est difficile, ambitieuse et risquée parce que le monde est toujours mis en jeu. Là, une question se pose inéluctablement : le monde, serait-il capable de se loger dans un noème total ?

Cependant, le monde sans signes, l'univers noématique husserlien, met l'identité hors de la présence de la conscience et hors de la conscience de la présence. En d'autres termes : la conscience ne s'arrête pas au sens[93], elle le dépasse. Le sens

---

[92] *Hua* VI, p. 32.

[93] Cette interprétation peut paraître équivoque, c'est pourquoi nous devons tenter de l'éclairer. On sait que le concept de l'*époché* qui a été méthodologiquement élaboré dans les *Idées I*, joue un rôle de freinage phénoménologique qui doit permettre à la conscience de s'engager dans la vie des phénomènes. A l'intérieur de la vie des phénomènes naît le sens pur ; c'est la vie où la conscience atteint son idéalité à travers l'identification avec ce sens. De plus, dans l'*époché* se produit la réduction totale de l'objet à l'objectité, qui à son tour est une sorte de réalisation du sens pur en tant que série d'identités *noématiques*. Précisément, la conscience et son objet fusionnent. Toutefois, pour éviter ici les connotations protagoriennes (ou hégéliennes), nous devons constater que dans la phénoménologie de Husserl, la conscience se détruit elle-même comme objet et devient pour ainsi dire un objet *objectisé* ; elle se reçoit elle-même comme *objectité* pure.

Dans un texte daté d'octobre/mi-novembre 1930 (Chiavari), Husserl écrit : « J'exerce l'*époché* – en faisant ceci : je suis dans la disposition d'expérience, c'est-à-dire l'expérience dans le sens ordinaire, notamment d'être dirigé vers une chose clairement donnée par elle-même, d'être occupée en elle-même ou par elle-même. L'expérience dans ce sens est inséparablement un (*eins*) avec l'expérience dans un sens plus large, notamment l'expérience « thématique », donc le fait d'être perceptiblement dirigé vers une chose qui apparaît imperceptiblement comme présente. [Ich übe Épochè – dabei bin ich in der Einstellung des Erfahrens, und zwar des Erfahrens in dem gewöhnlichen Sinn des auf etwas anschaulich Selbstgegebenes Gerichtetseins, in ihm selbst order mit ihm selbst Beschaftigtseins. Erfahren in diesem Sinn ist untrennbar eins mit einem Erfahren in einem weiteren Sinn, das "thematische" Erfahren so das gewahrende Auf-ein-wahrneh-mungsmässig-gegenwärtig-Erscheinendes-Gerichtetsein], *Zur phänomenologischen Reduktion*, *Hua* XXXIV, hrsg., S. Luft, Kluwer Academic Publishers, London, 2002, p. 207.

Le freinage *épochéïque* de la phénoménologie permet donc de noyer l'objet dans l'épaisseur phénoménale de la conscience identifiante et de libérer le sens à l'égard de la gravitation des choses ; autrement dit, l'*épochè* husserlienne donne au sens la possibilité de sortir de l'objet et du signe (il est douteux que Husserl eût accepté le dernier) et de s'établir comme identité irréductible ou, ce qui est aussi juste, comme différence totale et ouverte. Mais dans cette ouverture et cette irréductibilité le sens devient inaccessible à la conscience elle-même. Il est la non-localité différentielle – la *transité* phénoménale – que la conscience ne peut saisir et où elle ne peut s'installer. Ici apparaît le grand obstacle méthodologique que Husserl n'a pas réussi à surmonter : l'*épochè*, qui devrait arrêter et garder le sens à l'intérieur de l'action phénoménale de la conscience, arrête la conscience *avant* le sens, en rendant sa présence transcendante par rapport à l'activité du sujet. Le sens *épochéïque*, comme nous le reconstruirons chez Husserl, conduit la conscience du sujet à la limite ou à l'action limitante, à celle qui, ayant été destinée à la restauration du sens dans l'identité idéale, meurt en tant que signification et renaît en tant que phénoménalisation, en découvrant l'impossibilité prédestinée et radicale d'être dans la différence.

Afin d'illustrer cette passion husserlienne pour l'élaboration des archives noématiques des idéalités phénoménales, nous pouvons évoquer un exemple linguistique. Il s'agit de l'élaboration du sanskrit : d'abord, par Pāṇini (~Ve s. av. n. è.) qui a formulé les 3959 sūtras ou règles de la morphophonologie du sanskrit connues sous le nom d'*Aṣṭādhyāyī* ; ensuite par les autres grammairiens hindous : Vyāḍi (son traité original *Saṃgraha* est perdu), Kātyāyana, Patañjali et jusqu'au *Vākyapadīya* de Bhartṛhari (Ve s. de n. è.), – dont la grammaire allait devenir une construction idéale. Cette construction était un échantillon pour l'écriture de tous les textes dits littéraires. Leur valeur dépendait de leur plus ou moins grande fidélité à cette grammaire. Le chemin du devenir du sanskrit est le chemin de la purification (*saṃskāra*) ou de la réduction de la diversité linguistique indo-aryenne à une idéalité. L'idée de la grammaire comme outil de purification vient des rites religieux (brahmaniques) organisés autour de l'ordre du sacrifice. En cherchant le sens idéal, Kātyāyana s'est même heurté à une réduction phénoménologique infinie : si la base universelle (noématique) pour le mot « vache » est « vachéïté », alors quelle sera la base universelle pour « vachéïté » ? Sans aller jusqu'à cette extrémité, un texte du Védānta nous dit à ce propos qu' « un mot signifie premièrement l'universel et seulement après

reste toujours derrière la conscience qui n'est qu'un non-lieu ; le retour à celui-ci est interdit. A l'intérieur de la vraie noématicité, comme nous l'avons vu, le sens demeure dans une transformation infinie (mais il ne s'agit certes pas d'une transformation sémantique du sens). De l'identité, le sens se déplace vers la différence, il entre en elle ; ou bien il renvoie son identité à la différence et devient ainsi extérieur à la présence, en ouvrant l'intimité du temps. Le temps de la

---

le particulier ». Dharmarājādhvarīndra, *Vedāntaparibhāṣā*, ALS, 34, Madras, 1942, IV : 17 [kathaṃ tarhi gavādipadād vyakter bhānam iti ced, jāter vyaktisamānasaṃvitsamvedyatvād iti brumaḥ...] Un autre auteur ajoute ceci : « "la vache" signifie l'universel des mots qui ont la forme vache, c'est l'universel de la "forme-signifiée" (tadadhyāropakalpanā) », Bhartṛhari, *Vākyapadīya* (with the commentary of Vṛṣabhadeva on the first kānda and that of Punyarāja on the second), Benares, 1887, III. 1.6.

Pour élaborer le sanskrit – le langage idéal par excellence – il était nécessaire de purifier le langage antérieur (la langue védique et les prakrites) et ainsi de mettre au jour l'entité intrinsèque du langage en général : obtenir ces structures sous-jacentes, qui ont été originellement trouvées dans le langage en tant que tel. Le cas du sanskrit montre ce qui nous aiderait mieux à comprendre l'intention de Husserl : il s'agit du déplacement conceptuel du réel (ce qui était) et de l'idéal (ce qui devrait être). En d'autres termes, le langage purifié et idéal (secondaire) déplace le langage naturel et développé (primordial). Le langage naturel et le langage superficiel se remplacent l'un l'autre. Non que l'image du langage idéal vienne du langage réel mais, au contraire, le langage réel dérive du langage idéal. C'est pourquoi toute amélioration et tout perfectionnement des langages réels et naturels ne sont que la réalisation et l'incorporation de son image idéale et transcendantale. Le langage réel n'a donc pas de valeur comme structure vivante et évoluante mais comme ce qui retourne toujours à sa fondation idéale et génératrice.

La grammaire (vyākarana) du sanskrit est ainsi le lieu *épochéïque* – le lieu de l'*épochè* – où s'effectue la noématisation de la conscience linguistique des Indiens à cette époque déterminée et où la pureté phénoménale de la construction déprécie l'histoire empirique du comportement naturel du langage. En termes phénoménologiques, le sanskrit représente les archives noématiques auxquelles on peut toujours se référer et dont l'idéalité est indestructible. Pour plus de détails cf. L. Renou, *Histoire de la langue sanskrite*, IAC, Lyon, 1956 ; J. Wackernagel, *Altindische Grammatik*, Bd. I, Göttingen, 1896 ; R.N. Sharma, *The Astādhyāyī of Pānini*, vol. I, Munshiram Manoharlal Publishers, New Delhi, 1987 ; Bholasankar Vyas, *Samskrta ka bhasasastriya adhyayan /L'investigation linguistique du sanskrit/* [en Hindi], Kassi, 1957.

différence n'est pas davantage le temps de la présence ni celui qui peut archiver notre expérience du savoir. Il est le temps de l'*action pure* où le présent[94] est détruit par cette *acticité* elle-

[94] Ici, il faut noter – ce qui a malheureusement échappé à l'attention des experts – le parallélisme passionnant entre la conception phénoménologique du temps selon Husserl (du moins comme cela apparaît dans les *Leçons*) et la conception linguistique du temps chez Gustave Guillaume, fondateur de la psychomécanique du langage. Avant tout, nous pouvons constater qu'aussi bien chez Husserl que chez Guillaume, le temps est introduit dans le plan intentionnel de la conscience où, par conséquent, il acquiert un caractère intentionnalisant. Le temps a la faculté de se phénoménaliser, c'est-à-dire d'apparaître comme ce qu'il n'est pas, comme une série de singularités quasi-identiques. Nous savons que chez Husserl ces singularités ont la forme d'événements phénoménaux ou noématiques de la conscience. Dans la théorie de Guillaume ils sont des concepts grammaticaux et lexicaux : *verbe, nom, copule, adjectif, nombre,* etc. Il est essentiel ici que ces deux conceptions phénoménologique et psychomécanique construisent le temps – et admettent la possibilité de sa construction et de sa présentation en général – à travers des catégories spatiales, voire à travers des lieux marqués par le langage. Dans les *Ideen I* Husserl parle de l'apparition du temps sous la forme du « ici/maintenant », du « après/maintenant » ou du « juste/maintenant », qui précède « maintenant/passé » et « maintenant », en construisant un modèle du proto-temps qui est, en fait, l'espace transcendantal du passé, du présent et du futur tout entiers. Dans les *Leçons*, Husserl traite déjà de la conscience intime du temps, ce temps interne, qui se réalise au travers de l'expérience du langage et aussi comme dépendances opérationnelles ; cf. A. Nedel, *Of Intentional Consciousness: Pattern, Constitution, and Behavior*, in *Philosophy Today*, Fall, 1995.

Selon Guillaume, chez qui nous trouvons des motifs phénoménologiques, le temps ne peut jamais être représenté dans la conscience en termes de temporalité. Le temps existe toujours en nous sous forme d'expérience interne, que nous ne pouvons découvrir qu'au travers d'une autre expérience (l'expérience du langage) et qui est toujours expérience de correspondances spatiales. Déjà dans *Le temps et le verbe* (1930), Guillaume pose la question aussi bien linguistique qu'épistémologique de la possibilité même de l'expression du phénomène du temps. Ensuite, « la visée, qui réalise le temps, réalise aussi le verbe. Les deux opérations sont simultanées. Il en résulte que la réalisation du verbe est sujette à se produire successivement sur les trois axes chronothétiques déterminés ci-dessus (*in posse, in fieri, in esse*) », *Le temps et le verbe*, Librairie Honoré Champion, Paris, 1965, p. 10. Guillaume s'occupe du problème de la présentation et de l'actualisation du temps au niveau des actes de la conscience et il en vient à la conclusion que le temps n'a pas de moyen d'expression propre, il est silencieux. Dans sa *Leçon inaugurale* (1952 - 1953), il précise : « De sorte que la représentation du temps, dénommée dans nos écrits *chronogénèse* et *chronothèse* – ceci étant une coupe par le travers de cela – est, au vrai, une *spatialisation du temps* », *Principes de linguistique théorique*, Les Presses de l'Université Laval, Québec, 1973, p. 22.

De surcroît, Guillaume parle du fait que les moyens de l'espace, dans le processus de cette présentation, couvrent totalement le temps et donnent à la conscience non le temps lui-même mais ses phénomènes spatialisés. Il s'agit du temps intrinsèque au verbe marqué par ses lexèmes ; c'est le cas des préfixes allemands : vor*gehen*, ab*gehen*, aus*gehen* exprimant des modalités variables du temps dans l'espace. Sur le plan phénoménologique, curieuse est l'analyse de la fonction du verbe proposée par Gonda ; il écrit que le verbe dénote avant tout de l'état mental du locuteur, de ce qui existe dans son esprit (« in his mind or before his mental eyes »). Le subjonctif, par exemple, exprime la visualisation. J. Gonda, *Op. cit.*, p. 69 - 70 ; aussi R.I. Binnick, *Time and Verb : A Guide to Tense and Aspect*, Oxford University Press, Oxford, 1991.

Selon Guillaume, donc, le verbe est le lieu qui implique en lui-même le temps interne qui, si nous utilisons les termes de Husserl, est à son tour l'expérience phénoménale de la conscience. Il s'agit d'une expérience du temps qui ne peut être, de droit, portée à l'étendue des actions de la conscience, c'est-à-dire de l'expérience qui ne peut être réalisée dans le signe. Parce que le signe lui-même se réalise seulement comme une structure spatiale ou spatialisée et se distingue toujours de l'objet. La conception mentaliste du temps de Guillaume qui consiste en ce que l'idée trouve son signe mais non l'inverse est, à notre avis, semblable à la conception phénoménologique de Husserl où l'expérience de la phénoménalité, si nous admettons sa possibilité en principe, exclut le travail du signe comme quelque chose qui se réfère au monde et ne peut être pris comme adhérant à la conscience elle-même. Le terme *pensée* de Guillaume, qui est primordial dans ses textes, peut être méthodologiquement comparé avec le *phénomène* de Husserl ; l'un et l'autre adhérent à la vie propre de la conscience et jamais à l'expression. Quant au temps présent, dont le problème occupe également une place centrale dans les textes de Guillaume et de Husserl, il consiste, selon Guillaume, en l'expérience interne du sujet.

(Le rapport entre le présent et le parfait est en effet assez complexe. Il était au centre d'une discussion animée autour de quelques verbes spéciaux chez Homère. En un mot, il existe deux hypothèses : la première, exposée par Curtius, Brugmann, Meillet et Pisani, dit que le parfait exprime l'état du sujet qui résulte d'une action précédente : K. Brugmann, *Grundriss der vergleichenden Grammatik der indogermanischen Sprachen*. 2 Bearb. Bd. 2, T. 3, Strassburg, 1913, p. 83 et passim ; A. Meillet, *Aperçu d'une histoire de la langue grecque*, Paris, 1965, p. 38 ; V. Pisani, *Glottologia indeuropea*,

même ; il se détruit à l'intérieur de cette *acticité*, c'est-à-dire à l'intérieur de l'acte *différenciant*, en devenant un segment spatial de la conscience phénoménale. Ce temps, qui n'a aucun rapport avec l'objet et qui préserve le sens de la signification, est le temps de la présence pure, du maintenant idéal. Ici, à l'opposé du temps quotidien et du présent objectif, la différence n'est plus extérieure à son objet, elle devient une surface

---

Torino, 1949, p. 250. La deuxième hypothèse, présentée par Bréal, Wackernagel et Hirt, traite le parfait comme une action plus intensive que le présent : M. Bréal, *Les commencements du verbe*, MSLP, t. 11, 1900, p. 277 et passim ; J. Wackernagel, *Vorlesungen über Syntax*, 1 Reiche, 2 Aufl., Basel, 1926, p. 167 ; H. Hirt, *Indogermanische Grammatik*, T. 4, Heidelberg, 1928, p. 279 et passim. Par exemple, le verbe grec οἶδεα désigne une action « je vis, donc je vois/ je sais ». Cependant, selon Hirt, οἶδεα (*u̯oida) signifie une action intensifiée : « ich sehe es, ich sehe es », « er schreit, er schreit », T. 4, p. 280. Cette réduplication est interprétée comme une véritable caractéristique du parfait, ce qui est, à notre avis, une simplification de ce phénomène. La sémantique intensifiée est un trait plus général de la pensée archaïque (à comparer, du XIVème au XIème siècle av. n. è., avec le chinois *pī* [<*phij* <**phrjɨ*] « grand », *pī-pī* « très grand », *mù* [<*mjuwk* <**m(r)jwk*] « impressionnant », *mù-mù* « très impressionnant », reconstruction phonologique selon W. Baxter, *Handbook of the Old Chinese Phonology*, Walter de Gruyter, Berlin, 1992, pp. 780, 778 resp.) Sans vouloir intervenir dans ces débats, notons que l'opposition du parfait *vs.* le présent est purement formelle, d'autant plus qu'il existe chez Homère des verbes (dite anomaux) qui n'ont pas de présent et des verbes qui n'ont pas de parfait. Mais, phénoménologiquement parlant, cette opposition est intéressante : le parfait présente un état d'esprit où le sujet se rappelle d'un événement qui existe – au moins mentalement – ; le présent peut exprimer un événement ou une action physique. Le parfait est toujours une mémoire, toujours psychique.)

La conscience de l'expérience interne ne se réalise pas au niveau du signe. Le présent chez Guillaume (aussi bien que chez Husserl) est la limite conditionnelle qui sépare passé et futur ; il existe, pour ainsi dire, entre les signifiants, en liant et en distinguant à la fois la conscience du passé et du futur. Dans les *Ideen I* Husserl parle du présent comme de quelque chose qui ne *vient* jamais mais qui *passe* toujours (par exemple, dans le § 81 intitulé *Temps phénoménologique et la conscience du temps*, Husserl note que le « maintenant », qui implique en même temps le passé et le futur, est une structure ontique – mais non chronique – du processus de la pensée comme telle et donc la sphère de la phénoménalité pure, c'est-à-dire qu'elle est là où a eu lieu la transformation du signe en phénomène).

ontique dont la totalité est indestructible. C'est pourquoi nous ne pouvons pas accepter sans réserve cette pensée de Derrida : « Il n'y a et il n'y aura jamais que du présent. L'être est présence ou modification de présence. Le rapport à la présence du présent comme forme ultime de l'être et de l'idéalité est le mouvement par lequel je transgresse l'existence empirique, la factualité, la contingence, la mondanité, etc. »[95]. A notre avis, la grande difficulté tient encore ici à ce que la présence pure, qui est perçue par la conscience du sujet comme le maintenant ontique idéal, n'est pas seulement le territoire où le *Je* (ma conscience) subit une série de modifications. La réalité empirique et factuelle n'est pas seulement transgressée par le *Je* dans la présence du maintenant idéal. Pour cela, il faudrait détruire la mémoire du texte et de l'écriture historique ; la présence devrait radicalement se scinder du présent. La présence pure, qui dérive de la pensée noématique du maintenant, coïncide, selon Husserl, avec l'authenticité du temps et retient *en soi* cette expérience temporelle, sans la laisser entrer dans la structure ouverte du signe. Ni la transgression du *je*, ni les modifications de la conscience du temps ne peuvent apparaître à la surface de la présence pure parce que cette surface, retenant à peine l'expérience transcendantale du sujet, ne peut jamais être recouverte d'un ensemble de signifiants. La présence pure est irréductible à l'identité entre le sens et le temps, à l'identité qui engendre n'importe quelle objectivité et toute structure d'expérience comme telle. Nous ajouterons que la présence pure, qui se décèle toujours seulement en tant qu'événement phénoménal, est un « différencier » dont l'action différenciante conditionne son existence propre.

Naturellement, on ne peut mettre cette différence *sous* le signe d'une modalité temporelle ni l'y rapporter ; elle ne peut être fixée ni prise comme un objet de la conscience, renvoyé à l'expérience du sujet tantôt comme sens, tantôt comme non-

---

[95] Jacques Derrida, *La voix et le phénomène*, p. 60.

sens. C'est la différence qui est un événement phénoménal ; elle n'est ni sens, ni non-sens. Mieux, elle est une différence phonématique, dont la présence ne peut être recueillie que dans l'événement phénoménal, et nulle part ailleurs. En outre, cette présence, en tant qu'événement phénoménal ou en tant que durée, présente des événements phénoménaux, est le temps immanent de la conscience, le temps qui est la conscience elle-même. Husserl l'affirme dans l'*Introduction* aux *Leçons* : « Mais ce que nous acceptons n'est pas l'existence d'un temps du monde, l'existence d'une durée chosale, ni rien de semblable, c'est le temps apparaissant, la durée apparaissante en tant que tels. Or ce sont là des données absolues, dont la mise en doute serait vide de sens. Ensuite, il est vrai, nous admettons aussi un temps qui est, mais ce n'est pas le temps d'un monde de l'expérience, c'est le *temps immanent* du cours de la conscience (*immanente Zeit des Bewußtseinsverlaufes*). Que la conscience d'un processus sonore, d'une mélodie que je suis en train d'entendre, montre une succession, c'est là pour nous l'objet d'une évidence qui fait apparaître le doute et la négation, quels qu'ils soient, comme vides de sens »[96].

La notion de *son*, de *sonorité*, que Husserl propose ici, joue un rôle principal dans le texte des *Leçons*. La présence du son ne peut être identifiée avec aucun objet, on ne saurait la cloîtrer dans le sens. Le son ne renvoie qu'à l'absence du sens. La sonorité, c'est le temps pur de l'existence du son ; c'est l'événement sans expérience, sans signe. Le son n'a pas d'expérience. Il faut toutefois souligner que pour Husserl ce qui importe est d'établir, non une analogie entre le son et le phénomène ou leurs équivalences, mais le statut phénoménologique du son, en créant les conditions noématiques du temps intrinsèque et non-objectif. Le vécu du son, dont la présence quasi-spatiale est le temps *même* du présent, est composé d'une série de singularités quasi-identiques et différentielles, qui déborde le signe comme quelque chose qui

[96] *Hua* X, p. 5 ; trad. fr. *Leçons*, p. 7.

adhère à la réalité et à l'objectivité et échappe ainsi à l'expérience de l'identification à l'objet. Le son, nous pouvons l'affirmer avec Husserl, n'est ni le signe, ni le sens, encore moins l'objet matériel. Il est en effet l'événement phénoménal de la conscience intime. En termes phénoménologiques : c'est *un* objet qui est présent seulement au moment de la différence et qui, à cause de cette nature, constitue sa présence en tant que différence permanente. Comme tel, le son se rapporte moins à la réalité du monde objectif matériel qu'à la réalité noématique, où rien n'est lié à son lieu, où le lieu est l'événement et où cet événement ne peut être pris comme expérience. Selon Husserl, la présence pure où le son se déploie en une série d'actes n'ayant ni contenu ni sens, celle-ci ne connaît pas les modifications ontologiques qui, par exemple, pourraient être sémiotiquement marquées et qui changeraient la position du sujet à la surface du sens.

5 EVENEMENT ET PRESENCE

Sans doute commettrions-nous une grande erreur et nous trouverions-nous trop loin de Husserl si nous considérions la présence pure comme une sphère où l'acte phénoménal trouve son contenu ; ou bien comme quelque chose où peut être découverte une expérience de l'identité. Tout est bien loin de l'intention de Husserl. La présence pure (ou transcendantale) – le régime noématique de la conscience – est en réalité le *continuum* différentiel dans lequel l'acte de la conscience, l'événement phénoménal, est un objet détaché du signe et donné au sujet comme une singularité. Mais comment définir la singularité de l'événement phénoménal, son idéalité exigible ? Deleuze donne une réponse : « Qu'est-ce qu'un événement idéal? C'est une singularité. Ou plutôt c'est un ensemble de singularités, de points singuliers qui caractérisent une courbe mathématique <…> »[97].

---

[97] Gilles Deleuze, *Logique du sens*, Minuit, Paris, 1969, p. 67.

La singularité est ce qui n'a aucun rapport avec son *propre* contenu. Parler du contenu de la singularité revient au même que de trouver l'instinct sexuel d'un cadavre. Il n'existe pas de moment où l'acte phénoménal se transforme en expérience.

D'ailleurs, c'est l'objet de la critique de la conception du temps selon Brentano par Husserl. A ses yeux, Brentano ne distingue pas acte et contenu[98], et ne peut donc établir le vrai mode du temps interne. Husserl nous dit : « Brentano ne distingue pas entre acte (*Akte*) et contenu (*Inhalt*), et donc il ne distingue pas entre acte, contenu de perception (*Auffasungsinhalt*) et objet perçu. Il faut portant clarifier la question de savoir à quel compte imputer le moment temporel. <...> D'après la théorie de Brentano, qui veut que l'acte de se représenter n'admette comme tel aucune différence et qui refuse qu'il y ait aucune distinction entre les représentations en dehors de leurs contenus primaires, il ne reste qu'une solution : qu'aux contenus primaires de la perception s'accrochent continûment des « phantasmes » et encore des phantasmes, tous pareils quant à leur contenu (*qualitativ gleichen*), à une diminution d'intensité et de plénitude près. Ce n'est pas seulement dans les contenus primaires que nous trouvons les caractères temporels, la succession et la durée, mais aussi dans les objets perçus et dans les actes de percevoir (*auffassenden Akten*)[99].

Par conséquent cette distinction, sur laquelle Husserl insistera dans toutes les *Leçons*, est paradigmatique. Elle est paradigmatique parce que la tâche la plus importante de la science phénoménologique est de libérer l'acte générateur de la conscience. Cet acte doit devenir un acte temporel non-objectif,

---

[98] Derrida remarque justement à propos de cette différence husserlienne : « Cette abstention devant le contenu de l'acte et de l'évidence originaires est provisoire. Il s'agit d'une limitation méthodologique et, une fois encore, de la nécessité de prendre son point de départ dans le constitué. Mais cette nécessité méthodologique n'est légitime qu'à partir d'une décision philosophique profonde », Husserl, *L'origine de la géométrie*, p. 52.

[99] *Hua* X, p. 17; trad. fr. *Leçons*, p. 27.

qui est libéré de son adhérence primordiale au sens concret. Le but, enfin, est de désenchaîner l'acte du signe. L'acte ne doit pas se figer dans le signe. Ni le lieu ni le temps de son apparition ne doivent être signifiés ni pris par la conscience comme des réalités objectives ; en revanche, cet acte engendre toute réalité en tant que son présent. Et sa présence se constitue toujours comme temps de l'*acticité* pure.

En effet, dès que, comme il le doit, l'acte phénoménal se libère de la force du sens donné et sort des limites de l'expérience de l'objet, celui-ci devient l'événement temporel qui se discerne seulement en tant que différence permanente. L'événement phénoménal se prolonge dans l'action différentielle où la conscience intentionnelle perçoit cette durée comme objecticité pure vers laquelle, dès le début, elle se porte. Cette différence, que nous avons tout à l'heure désignée comme événement phénoménal, se reproduit dans le maintenant idéal ; le temps du maintenant idéal, c'est-à-dire son actualité, n'est que sa propre action. Ou bien encore : la « maintenanticité » du temps est l'action elle-même. L'événement pur n'a pas d'identité. Par conséquent, cet événement ne se précipite jamais dans le signe. Cette impossibilité est, chez Husserl, un fil conducteur. Et il en recherche l'origine. Admettons qu'elle soit une fondation suffisante pour établir la distinction entre acte et contenu. Le contenu est la résidence du sens, il est le lieu où le sens reste toujours à l'intérieur de lui-même, où toutes les modifications possibles du sens ne changent pas son identité, donnée à lui seul. Une fois constituée, elle ne peut être soumise à la réduction ni mise hors de la réalité du sens. En revanche, Husserl laisse entendre que la véritable réduction phénoménologique consiste à réduire l'identité appréhendée par le contenu à l'acte *identificateur*, où cet acte lui-même devient l'événement fondateur du sens. Cet acte ne s'assimile pas au contenu et se définit ainsi : le sens noématique vient de l'expérience intentionnelle de la conscience. Car cette expérience se fonde à son tour sur l'unité phénoménologique entre l'action et la condition, formant la seule structure temporelle. Ce que nous voyons surtout, à présent, est la manière dont cette expérience tend son piège. En effet, l'expérience intentionnelle de la conscience, grâce à laquelle on pourrait s'installer dans le monde noématique, n'est qu'une singularité temporelle identique à l'événement différentiel, qui l'engendre et la clôt sur lui-même. L'expérience intentionnelle n'est donc possible que dans le maintenant idéal. Cette expérience n'a ni sa propre durée ni sa propre surface. C'est l'action qui détruit l'histoire, l'histoire de l'expérience ; elle finit par s'évanouir comme après le réveil la réalité du rêve. C'est pourquoi nous n'avons d'autre possibilité que de percevoir l'expérience intentionnelle comme un point singulier inséparable de l'événement qui passe à travers lui, apparaissant toujours comme le zéro noématique sur la ligne des événements ordinaires, toujours à venir et déjà passé.

L'événement de l'acte, qui constitue l'identité phénoménale, devient-il ainsi la seule expérience possible de la conscience intentionnelle ? C'est l'événement où est détruit le temps historique objectif et où apparaît le temps interne subjectif. En créant le sens dans l'événement phénoménal, ce temps l'emmène vers l'infinité de la mort[100]. Le noème, c'est l'impulsion du sens, le double singulier qui meurt avant de naître et naît seulement quand il meurt.

Peut-être est-ce cette identité phénoménale, pour laquelle il n'existe pas d'équivalent réel, qui fabrique du sens à partir du sens ? C'est pourquoi l'identité phénoménale ne peut être enlevée au sens. Plus encore, elle est le moyen de la présence par laquelle le sens retient l'objectivité en lui. Il n'y a pas de modification du sens qui le prive de son identité, ni de surcroît que puisse le priver de sa présence dans l'identité, c'est-à-dire faire du sens un événement pur où il trouverait son immortalité ontique.

---

[100] « La mort ne serait pas comprise comme sens, mais comme fait extrinsèque au mouvement de la temporalisation. L'unité de l'infinité, condition de cette temporalisation, doit donc être pensée puisqu'elle s'annonce sans apparaître et sans être contenue dans un Présent », Husserl, *L'origine de la géométrie*, p. 150.

Nous risquerons-nous maintenant à avancer cette proposition : le sens ne se connaît pas lui-même, ne se reconnaît jamais lui-même comme sens. Autrement dit, le sens n'aurait-il pas de visage ? Serait-il toujours la « photographie » d'une différence ? Deux possibilités s'offrent alors : la première est que le sens apparaisse dans la présence (de même que la présence entre dans le sens) en tant qu'identité entre lui et la différence. Mais le sens ne peut apparaître dans sa pureté bien que, pour rendre cette apparition possible, il doive être en rapport avec l'objet (c'est ce que Husserl désigne comme contenu). Par ce rapport, le sens double son identité originaire dans la différence, en montrant un empressement permanent à se sacrifier pour rester dans la présence. Il ne nous reste qu'à conclure : le redoublement de l'identité originaire est l'être même du présent. La deuxième possibilité, développée chez Husserl dans les *Leçons*, et qui dans l'intervalle reste seulement une conjecture, tient à ce que le sens apparaît dans la présence comme un événement (nous disons : comme une singularité noématique), comme le lieu du sens, mais non comme le sens lui-même. Cet événement ne peut être identifié ni réduit à une identité parce qu'il est exclu du temps de la présence. Car pour faire apparaître la singularité phénoménale, il est indispensable de décomposer l'identité en sens et différence (projet aussi séduisant que dangereux : perdre la présence en tant qu'espace et la retrouver comme modalité idéale du temps). Nous avons peine ici à partager l'opinion de Deleuze : « Il apparaît que Husserl pense la genèse, non pas à partir d'une instance nécessairement « paradoxale », et « non identifiable » à proprement parler (manquant à sa propre identité comme à sa propre origine), mais au contraire à partir d'une faculté originaire de *sens commun* chargée de rendre compte de l'identité de l'objet quelconque <…> »[101].

---

[101] Gilles Deleuze, *Logique du sens*, p. 118.

Non que le problème soit ainsi résolu, il est seulement posé. La genèse de la singularité ne peut être mise à nu que lorsque s'établit la vison de l'originaireté noématique. C'est à partir de celle-ci que la singularité commence à jouer son rôle dans le drame phénoménologique ; c'est à partir de là qu'elle distingue la conscience de son objet.

Or, l'identité phénoménale dont nous venons de parler n'est pas une identité métaphysique. Dans celle-ci *A* dépasse *B*, *A* rend *B* à la fois aveugle et invisible. Toutefois, la métaphysique énonce comme loi que lorsque l'objet s'assimile dans la conscience, il disparaît comme objet. Tant que l'objet est posé comme devant disparaître (chez Hegel, par exemple), il importe peu de savoir si c'est lui qui est englouti par la conscience ou si la conscience est devenue cet objet. En revanche, selon l'identité phénoménale, la conscience libère l'objet de son objectité, l'objet disparaît dans l'objectité ; il devient plus que le signe. Il déborde du signe, restant par rapport à lui toujours extérieur. L'extériorité de l'objet, ou plutôt de l'objectité, est sa véritable présence.

La présence ne doit pas avoir de lieu – ne peut-on dire ici que la singularité noématique en est un bon exemple ? Elle doit avoir seulement un temps auquel on ne peut faire allusion. Pour parler noématiquement : le sens, c'est l'événement sans lieu. Il ne parvient pas à la présence ; la présence est la reproduction du sens (mais non son lieu) ; ce dernier n'a pas de lieu parce qu'il ne peut jamais accéder à une identité complète avec la présence ; autrement dit, le sens réside dans la répétition de sa différence, de son jeu avec la présence. Husserl en vient ici à une difficulté évidente : de quelle manière pouvons-nous garder la fonction d'identité si cette identité même est détruite ? Comment la garder dans l'acte phénoménal qui subsume des singularités quasi-identiques et annule la force identifiante du présent ? En un mot, comment transmettre la fonction de l'identité à la différence reproductrice ? Husserl a bien vu toute la gravité de cette question : « Si nous avons successivement des objets non similaires avec des moments particuliers similaires, des « lignes de similarité » (*Gleichheitslinien*) courent en quelque sorte de l'un à l'autre, et, en cas de ressemblance, des lignes de ressemblance. Nous avons ici une relation qui n'est pas constituée dans une mise en relation réfléchie, mais qui précède toute « comparaison » (*Vergleichung*) et toute « pensée », en tant que présupposition de l'intuition de la similitude et de l'intuition de la différence (*Gleichheitsanschauung und Differenzanschauung*). N'est proprement « comparable » que ce qui est ressemblant ; et la « différence » présuppose le « recouvrement », c'est-à-dire cette unification spécifique du similaire qui est lié dans la succession (ou dans la coexistence) »[102].

7 LES DOUBLES

L'identité n'est pas davantage la garantie de la formation du sens (*Sinnbildung*) ; elle se trouve rejetée par la reproductibilité du présent lui-même, par celle qui rend distinct ; la présence noématiquement idéale, malgré tout, est la zone où disparaît la nécessité de retourner à l'identité, voire de la restaurer, parce que cette zone est celle de l'origine sans fin ; le temporel se reproduit en lui-même en tant qu'événement actuel, il n'est objet qu'au moment de cette reproduction. Son irréductibilité à l'identité est la condition noématique du sens ; de plus, l'objet se transforme ici en acte ; le maintenant idéal existe comme action de sa propre condition ; le temporel phénoménal double le sens mais ne s'identifie pas à lui ; le vécu du temporel et celui du sens commencent à glisser à la surface l'un de l'autre ; c'est pourquoi nous appelons cela la zone des *doubles singuliers* qui, étant demeurés dans la présence après la destruction totale de l'identité, éjectent à la surface cette étendue du sens qui se situe seulement dans l'acte de différencier. Pour Husserl, s'il importe de refuser l'idée d'identité (au moins au sens métaphysique), ce n'est pas qu'elle soit mauvaise comme telle ou trop chargée d'objectivisme

[102] *Hua* X, p. 44 ; trad. fr. *Leçons*, p. 62.

aristotélicien, mais parce que cette idée n'est pas compatible avec celle du noème. Nous savons déjà en effet que le noème n'est pas l'identité, et qu'il n'est pas formé d'une identité. La distinction radicale entre eux tient à ce que le noème ne connaît pas son origine ; bien plus, sa fonction excède sa présence. C'est pourquoi l'identité s'efface, tandis que le noème demeure caché dans l'événement phénoménal.

Une fois supposée la possibilité de construire l'idéalité noématique (ce que Deleuze appelle la valeur de « propre identité » et qui doit apparaître au terme de l'analyse), Husserl est contraint d'énoncer une conclusion fondamentale. L'idéalité exige un très grand sacrifice : le sens qu'elle découvre n'entrera jamais dans le vécu de la conscience. Cette conclusion n'apparaît-elle pas, sous une forme quelque peu enveloppée, dans les lignes suivantes de Husserl : « L'objectivité de l'objet temporel repose (*Zeitobjekts beruht*) donc sur les moments suivants : le contenu de la sensation, qui appartient aux divers instants présents actuels de l'objet, peut demeurer qualitativement absolument inchangé, mais il n'a pas toutefois une véritable identité dans cette identité de contenu qui va pourtant si loin <...> »[103]. Et plus loin : « Les phases du flux de la conscience, en lesquelles des phases de ce même flux de conscience se constituent phénoménalement, ne peuvent pas être identiques à ces phases constituées, et ne le sont pas non plus. Ce qui, dans le *momentanément-actuel* du flux de conscience (*Momentan-Aktuellen des Bewußtseinsflusses*), est amené à apparaître, c'est une phase passée de ce même flux dans la suite de ses moments rétentionnels »[104].

Si l'on suppose cela, un geste décisif reste à faire : arrêter le processus du dédoublement de l'identité originaire. En effet, si le sens apparaît dans la présence comme un reflet de sa propre condition originaire réactivant constamment la nécessité du sens, ne perdons-nous pas le besoin du sens quand nous nous

---

[103] *Hua* X, p. 66.

[104] *Ibid.*, p. 83.

approprions le temps de la présence comme seule valeur – et seule valeur possible – de la conscience ? Valeur que l'on ne peut loger ni dans le sujet, ni dans le signe. D'où viendrait l'idée chez Husserl de l'acte ou de l'événement phénoménal qui ne se maintient dans la présence qu'au moment de son action ? Nul doute, de la conception générale que la conscience phénoménologique est rétentionnelle. La rétention est ce qui produit ce mode d'étalement de l'originalité primaire d'un événement, où la conscience perçoit non pas « cet » événement mais sa reproduction infinie ; c'est-à-dire que l'événement échappe au passé et demeure dans le présent, qui à son tour apparaît dans *cet* événement. Dans ces conditions le passé n'est pas ce qui *était* ou qui *a eu lieu* mais ce qui *est* au moment de son action dans le présent. Le passé n'a donc pas de lieu, son lieu se transforme en action du présent. La rétention consiste ainsi en ce qu'elle détruit la possibilité d'identifier l'événement à son lieu ; en d'autres termes, le processus de rétention est le seul champ des actes intentionnels de la conscience. Il s'agit d'une rétention actuelle où chaque répétition ou duplication, parce qu'elle est en réalité l'intervalle phénoménal du temps interne, est unique. L'exemple qu'en donne Husserl est le son. Il existe dans le présent, mais son présent est ce qu'il fait lui-même ; la présence du son découle de lui. Ou bien : le présent du son résulte des intervalles phénoménaux qui divisent la continuité du présent en un ensemble infini de points différentiels. Chacun de ces points est d'identité zéro. Husserl le précise : « J'ai conscience du son et de la durée qu'il remplit dans une continuité de « modes », dans un « flux continuel » ; un point, une phase de son se nomme « conscience du son à son début » (*Bewußtsein vom anhebenden Ton*) <…> Pendant tout ce flux de conscience, j'ai conscience d'un seul et même son en tant que son qui dure, qui dure maintenant »[105].

L'intervalle phénoménal, que Husserl appelle « la rupture d'identité », est l'événement phonématique. Le phonème est

---

[105] *Hua* X, p. 24 ; trad. fr. *Leçons*, pp. 37 - 38.

idéal, il n'existe pas dans la réalité, il ne signifie pas des choses réelles. Le phonème, c'est l'acte de différencier qui « précède » la naissance du sens. Les phonèmes « t » et « d » diffèrent seulement sur le plan phonématique[106], mais entraînent une différence sémantique : « ton » et « don » ; seuls, ils sont privés de tout sens. Or, la seule réalité du phonème est sa fonction différenciatrice qui établit la différence entre soi-même et d'autres phonèmes. En ce sens, disons-nous avec Husserl, les phonèmes sont des événements phénoménaux ; le phonème, affirmons-nous encore avec Kātyāyana, est une base universelle et irréductible.

---

[106] Il faut noter ici que la définition de la conception du phonème reste jusqu'à nos jours le plus grand défi de la linguistique (et il devient aussi un problème philosophique si nous voulons le prendre comme un objet possible de la recherche phénoménologique). Déjà Daniel Jones, figure majeure de l'Ecole de Londres, souligne que les phonèmes sont distinctifs, mais se refuse à inclure ce trait dans la définition du phonème, alléguant qu'il existe des oppositions de phonèmes qui ne sont pas susceptibles de provoquer une différence de contenu (après Jones, dans la linguistique descriptive américaine, par exemple chez Leonard Bloomfield, ces phonèmes serons nommés *allophones*). La procédure de la définition du phonème a été proposée pour la première fois par N.S. Troubetzkoy, dans son livre *Grundzüge der Phonologie* (*Travaux du Cercle linguistique de Prague VII*, 1939). Troubetzkoy a utilisé l'exemple du phonème /k/ en allemand, dont il détermine le contenu phonologique par ses oppositions aux phonèmes : /ch, g, t, p/, où /k/ est défini comme une occlusive sourde et non nasale. Le groupe de caractéristiques phonologiques qui peut être appliqué à un certain phonème est nommé par Troubetzkoy *faisceau différentiel*. Edward Sapir, qui évite le mot « phonème », le définit néanmoins dans son article *Sound patterns in language* comme « le point dans la structure phonétique de la langue qui est le résultat de toutes les interrelations possibles », cf. *Readings in linguistics*, ed. by M. Joos, New York, 1958, p. 24.

Louis Hjelmslev et Roman Jakobson s'accordent sur la définition du phonème comme indice différentiel dénué de sens propre mais participant à la création du sens dans le langage (nous verrons plus loin les remarques concrètes de ces auteurs). En principe, la question principale tient donc à la possibilité pour le phonème n'ayant pas de sens propre de former et de changer le sens réel qui ne peut être localisé comme tel dans le phonème.

La signification résulte de la faculté combinatoire des singularités idéales, des phonèmes et de leurs variations. Elle résulte donc d'une chaîne de non-significations.

8 LE SENS CONTRE LE SIGNE

En dépit de sa faculté de changer le sens et donc d'influer sur le processus de sa formation, le phonème n'est pas un signe. Cette assertion laisse perplexe parce qu'elle est contraire à l'opinion de la majorité des spécialistes pour lesquels le phonème est un signe. Néanmoins, nous nous risquerons à une hypothèse sur le caractère non-significatif du phonème et sur la raison de sa nature phénoménale. Le phonème n'est pas un signe, non parce qu'il n'a pas de sens *propre*, mais parce qu'il ne peut être incorporé dans aucun sens, ni réduit à l'identité ; il se meut toujours à la surface de l'idéalité, créant cette surface par son mouvement-même[107]. Ce mouvement est en fait l'inverse de celui du signe. Si le signe se meut vers l'objet, en

---

[107] Nous pouvons faire allusion aux raisonnements novateurs et assez convaincants de Deleuze, qui trouve des parallèles entre certains phonèmes et les zones érogènes qui « sont comprises » par l'enfant dans la période orale-génitale justement par un ensemble phonématique. Le plaisir sexuel que l'enfant découvre en lui-même doit avoir libre cours au sens où l'absence du langage verbal, qui effacera plus tard ces idéalités découvertes, force l'enfant à en avoir une représentation purement phonématique. Pour la conscience de l'enfant le phonème est probablement sensé et occupe aussi un certain lieu du système dans lequel ce lieu est déterminé, non par les règles de la distribution phonologique du langage concret, mais par le vécu primaire du plaisir dont la langue est totalement idéale. Deleuze définit cette situation de la façon suivante : « si l'enfant arrive dans un langage préexistant qu'il ne peut pas encore comprendre, peut-être inversement saisit-il ce que nous ne savons plus saisir dans notre langage possédé : les rapports phonématiques et les rapports différentiels de phonèmes. On a souvent remarqué l'extrême sensibilité de l'enfant aux distinctions phonématiques de la langue maternelle et son indifférence à des variations parfois plus considérables appartenant à un autre système. C'est même ce qui donne à chaque système une forme circulaire et un mouvement rétroactif en droit, les phonèmes ne dépendant pas moins des morphèmes et sémantèmes que l'inverse », G. Deleuze, *Logique du sens*, p. 268.

tentant de se rapprocher de lui au maximum et de le dissoudre en lui-même (c'est-à-dire de retenir le sens de l'objet dans sa matière propre)[108], le phonème, à l'inverse, vient toujours de l'objet. Il vient de la réalité physique et acoustique[109] qu'il

---

[108] Cette idée peut être illustrée par l'exemple de la pensée mythologique. On sait que pour cette pensée qui sans doute est plus phénoménologiquement pure que la pensée historique, le signe et l'objet se confondent. Le phénomène du mythe ne fait pas la distinction entre le contenu et l'expression. Par exemple, dans la mythologie védique, nous trouvons un magnifique échantillon de cette conjoncture. Dans le *Ṛg-veda* (hymne X : 125) sont décrites les facultés cosmogoniques de la déesse *Vāc* (le nom dérive du verb *vad-* « parler ») qui crée l'univers par sa parole et cet univers est le « texte » de *Vāc*. Le mot est ce qu'il signifie, il n'a y aucune distance entre l'objet et la signification. De plus, la fonction mythologique de *Vāc* consiste à surveiller l'ordre du sacrifice : le signe est ce lieu où le sacrifice humain peut être renvoyé au dieu. Et c'est pourquoi *Vāc* n'est pas seulement une matière acoustique ou une irréalité qui est donnée dans les mots et qui s'engendre elle-même par les mots ; en termes phénoménologiques, *Vāc* a le corps *idéal noématique* grâce auquel il est possible de construire le monde matériel. Le texte dit : *utá tvaḥ páṣyan ná dadarṣa vācam / utá tvaḥ ṣriṇván ná ṣriṇoty enām / utó tvasmai tanvàṃ ví sasre / jāyéva pátya uṣatī suvāsāḥ //* (X : 71, 4) [quiconque regarde ne voit pas la Parole, quiconque écoute ne l'entend pas, mais quiconque reçoit son corps, le reçoit de même que la femme qui, belle dans sa toilette admirable, donne son corps à son mari], cf. Th. Aufrecht, *Die Hymnen des Ṛigveda* , zweiter Teil, Darmstadt, 1955, p. 364.

[109] Dans sa critique de la conception du phonème de Baudouin de Courtenay, Jakobson, semble-t-il, prend une position plus éloignée de l'interprétation phénoménologique quand il parle de l'impossibilité d'identifier le phonème avec son expression phénoménale : « Selon la plus ancienne de ces conceptions, qui remonte à Baudouin de Courtenay mais n'est pas encore morte, le phonème est un son intentionnel, qui s'oppose au son effectivement émis comme un phénomène "psychophonétique" au fait "psychophonétique" », Roman Jakobson, *Essais de linguistique générale*, Minuit, Paris, p. 111.

Malgré cela, Jakobson affirme aussitôt la nécessité de chercher l'invariant idéal d'un phonème qui ne peut être réduit à ses variations contextuelles et qui est peut-être la généralisation phénoménale de ses réalisations distinctives. Le phonème ne peut-il apparaître comme noématicité idéale qui recueille des différences dans un événement dont l'expérience reste à jamais chimérique ? Jakobson dit que : « nous n'avons pas le droit de présumer que le corrélât du son dans le langage intérieur se réduit aux traits distinctifs à l'exclusion des traits configuratifs ou redondants. D'autre part, la multiplicité des variantes

singularise. La réalité n'est elle-même que par la distinction qui existe entre elle et le phonème. Cette distinction est à vrai dire l'événement phénoménal qui peut aussi être décrit en termes de différence phonologique. Au contraire du signe, la fonction du phonème ne consiste qu'à différencier ; le phonème signifie une différence, dite pure, non un objet. En d'autres termes, le phonème est présent par sa différence entre des entités idéales, différence qui précède tout sens.

En principe, le besoin du signe se décèle lorsque la conscience est privée du pouvoir d'ouvrir l'idéalité phonématique et de se rapporter à un sens phénoménal qui se trouve présenté dans cette idéalité. C'est pourquoi le signe apparaît, si l'on peut dire, après le phonème, mais n'est pas sa prolongation. Bref, le signe a une identité, le phonème non.

9 LA SINGULARITE NEGATIVE

La différence phonématique est un autre exemple d'idéalité qui n'existe que dans la conscience humaine et ne connaît que le temps intime. Husserl approuverait sans doute l'affirmation selon laquelle celle-ci n'a pas d'analogue historique ou chronologique ; elle n'est pas linéaire au sens de la perspective historique, où s'élève « l'effroi de l'histoire » (Eliade) qui peut détruire l'idéalité primordiale du sens. Le temps intime n'a ni intérieur ni extérieur (ni passé ni futur), il est l'état où rien n'existe que des actions créant des séries de relations, de relations-différences, qui sont le véritable présent. C'est pourquoi le phonème, voire la relation phénoménale, est l'action d'une série où disparaît le lieu de l'identité et constitue ainsi la rétention de la singularité. C'est l'intimisation du temps. Précisons : le temps intime n'est pas le temps présent, il est le

---

contextuelles ou facultatives d'un seul et même phonème dans la prononciation réelle est due à la combinaison de ce phonème avec différentes sortes de traits expressifs et redondants ; cependant cette diversité ne gêne pas l'extraction du phonème invariable à partir de toutes ces variations », Roman Jakobson, *Op. cit.*, p. 112.

temps *du* présent ; c'est une distinction cardinale. Le temps présent contient en lui-même simultanément « le *déjà* passé » et « l'*encore* futur » ; il est donc une jonction positive. Le temps du présent est simultanément « l'*encore* passé » et « le *déjà* futur » ; il est une singularité négative qui garde la différence en tant que seule relation dont on peut extraire le sens et qui elle-même ne différencie rien, mais se donne toujours à la conscience comme le différencié sous la forme du sens. Or, le sens existe en évitant le rapport immédiat avec la différence ; ils ne se rencontrent jamais et ne peuvent se rencontrer, à l'instar du cru et du cuit.

Le rapport immédiat à la différence, sans singularité négative, sans sa faculté rétentionnelle, pourrait engloutir n'importe quelle activité intentionnelle et la réduire à zéro. La conscience intentionnelle, qui se porte vers la différence, doit nécessairement être décomposée et neutralisée. La différence ne peut donc pas être soumise à l'intentionnalisation comme l'objet ; c'est impossible, non parce qu'elle est privée de réalité et ne peut surgir en un point objectif, mais parce que la possibilité même de cette réalité peut être détruite au niveau de l'idée pure. Le moment où la différence surgit et disparaît, c'est-à-dire le moment du présent où *encore* se retient comme *déjà* et *déjà* comme *encore*, appartient à un temps imaginaire. C'est un temps où s'effacent même les singularités qui sont destinées à marquer les limites des différences. Mais justement ce temps, qui tout d'abord se réalise dans la langue au niveau de l'expression et construit notre modèle de la réalité, est pour nous plus réel que tout[110].

---

[110] L'explication de l'astrophysicien Stephen W. Hawking peut nous aider à comprendre cette situation : « If the universe really is in such a quantum state, there would be no singularities in the history of the universe in imaginary time. <...> the so-called imaginary time is really the real time, and that what we call real time is just a figment of our imaginations. In the real time, the universe has a beginning and an end at singularities that form a boundary to space-time and at which the laws of science break down », S.W. Hawking, *A Brief History of Time*, Bantam Books, London, 1988, p. 147.

Toutefois, Husserl ne nierait pas que nous, qui sommes à l'intérieur de l'imaginaire, ne pouvons penser cet imaginaire. La différence qui se donne à la conscience a besoin d'être autre qu'elle-même ; le phonème est ce moyen. Ce qui précise la remarque de Jakobson : « Les phonèmes et les traits distinctifs ne sont pas distribués indifféremment tout au long d'un mot (ou d'une unité formelle plus petite). A côté de leur fonction distinctive, ils peuvent remplir un rôle supplémentaire, celui de signes démarcatifs »[111], et définit le phonème comme « signe démarcatif négatif ». On peut donc dire que le phonème n'est pas un « signe négatif » ou une différence pure mais le mode du remplacement, du redoublement et de l'intimisation de la différence par la conscience intentionnelle du sujet. En d'autres termes, le phonème est nécessaire pour adapter la négativité de la différence, laquelle s'élabore par les procédures phénoménales de la conscience tout en étant capable d'anéantir cette même conscience. Le phonème comme phénomène protège la conscience de tout événement purement différentiel mais cette protection ne se donne pas à titre gracieux ; la conscience sacrifie son identité à la duplicité, elle est toujours prête à mourir. La singularité négative joue le rôle de cette duplicité phonématique/phénoménale ; c'est une duplicité singulière qui garde la conscience dans le présent, garde l'unité entre cette conscience et l'objet idéal, mais qui détourne l'identité transcendantale du sujet sans aucun espoir de la retrouver. En un mot, l'idéalité du monde noématique ne peut être atteinte qu'au prix de la réduction du sujet à sa fonction.

10 LE PHONEME CONTRE LE SIGNE

La singularité négative permet de mettre en évidence la véritable distinction, entre le phonème et le signe, qui est claire au niveau de la perception. A l'inverse du phonème, le signe appartient toujours au présent, il est la trace ou le texte de la

---

[111] Roman Jakobson, *Essais*, p. 166.

différence et c'est pourquoi il tend à rester dans l'histoire, en créant l'objet qui a son lieu historique dans la présence. De plus, le signe n'a pas la possibilité d'être autre que lui-même, il est lié à son contenu historique et textuel à jamais. Dans les *Prolégomènes à une théorie du langage*, Louis Hjelmslev insiste sur ce qui décide du problème du signe : « Pris isolément, aucun signe n'a de signification. Toute signification de signe naît d'un contexte <...> en effet, dans un texte illimité ou productif <...> un contexte situationnel peut toujours être rendu explicite »[112].

La présence du signe ne transgresse jamais les limites de l'espace significatif. Quant au phonème, il tend à sortir de l'histoire et à rester dans l'action pure qui n'a pas de lieu dans la présence ; le phonème crée les conditions spécifiques qui laissent apparaître la différence. L'acte phénoménal dans lequel le phonème se donne à la conscience ne peut pas devenir un non-acte ; c'est-à-dire trouver un lieu positif dans la présence. Cet acte ne se réalise pas, il ne se retient, pour ainsi dire, qu'en lui-même, où son passé et son futur se maintiennent seulement à l'intérieur de l'acte rétentionnel. Le phonème rend le sens négatif et tend à le soustraire à l'histoire ; nous avons vu que, selon Husserl, le sens noématique et l'histoire factice sont incompatibles. Il faut faire un choix : soit l'acte, soit l'histoire.

L'histoire est détruite par des actes purs différentiels qui sont étranges à toute idée de l'histoire. C'est pourquoi le phonème annule l'histoire comme telle ; la force phonématique de différenciation détache le sens de l'histoire, en libérant le sens de sa fonction. Ce n'est pas le sens que nous percevons du signe et ce n'est pas celui qui vient à nous à travers le redoublement de son identité originaire, mais c'est le sens déjà détaché de son mode de sens, le sens recueilli dans l'acte, dans l'acte de la différence. Sa présence est donc une présence purement différentielle, où le sens existe dans l'acte de *se*

---

[112] Louis Hjelmslev, *Prolégomènes à une théorie du langage*, Minuit, Paris, p. 62. Plus loin il note également : « Les syllabes et les phonèmes ne sont pas des expressions de signes », p. 63.

différencier de lui-même ; en d'autres termes, le moment du différencier est à la fois le temps et la condition de son existence dans la présence. Nous n'avons aucune raison particulière de mettre en doute la possibilité de cette appréhension du sens et de la nouvelle réalité que ce sens constitue. De surcroît, nous pouvons dire que le temps interne s'ouvre dans ce processus de constitution.

Il s'agit d'une invariance de sens[113], dont la nature phénoménale crée le monde noématique qui s'oppose au monde empirique et où le temps devient la conscience elle-même. La réalité noématique que Husserl veut découvrir dans l'expérience du temps interne est la réalité des actes de la conscience ; c'est la réalité dans laquelle le sujet est enfermé dans le présent et où il n'est pas encore subjectif. Cela veut dire que le sujet se retient dans la différence pour essayer – et cela n'est jamais tout à fait

[113] Le problème de l'invariance de sens restera toujours un des intérêts principaux de Husserl. Sans sa résolution, aucun modèle phénoménologique de la conscience n'est possible. Il occupe aussi une grande place dans la linguistique structuraliste, par exemple dans les travaux de Roman Jakobson. Pour Jakobson, l'invariance, qui signifie avant tout une idéation des caractères phonématiques ou un phonème idéal et « noématique », déborde les réalisations contextuelles d'un phonème dans un langage concret et arrive au niveau de la généralisation des différences. Il s'agit donc d'une possibilité en laquelle, comme nous l'avons déjà vu, Husserl n'a jamais cessé de croire. Dans le cas du langage, cette possibilité tient à ce que le phonème, se réalisant à l'intérieur d'une opposition phonologique et constituant le système synchronique du langage, est privé de sa propre puissance sémantique. Il reste toujours hors du sens. Autrement dit, l'invariance jakobsonienne est le moyen de clarifier les conditions pures de la réalité du langage qui président en général à la naissance du sens. Dans les *Essais de linguistique générale*, nous lisons : « l'étude des invariances à l'intérieur du système phonématique d'une langue particulière doit être complétée par la recherche des invariances universelles dans le système phonématique du langage en général », R. Jakobson, *Essais de linguistique générale : 1. Les fondations du langage*, trad. et préf. de Nicolas Ruwet, Paris, *Minuit*, 1963, p. 126. Il faut dire que la réduction des faits concrets d'une langue à l'invariance universelle a, pour Jakobson, la même valeur et peut-être une non moindre signification méthodologique que pour Husserl, chez qui la réduction à l'invariance du sens supprime le contenu même du sens, dont le rapport à l'objet est phénoménologiquement redondant.

possible – de saisir le temps de l'événement phénoménal, le temps où la conscience, ayant quitté l'orbite du signifiant, s'appartient à elle-même.

L'expérience du temps interne, qui se donne à la conscience après son détachement du sens concret et objectif, après sa délivrance de l'objectivité du signe, est l'expérience rétentielle que le sujet reçoit de la présence dans le monde noématique. Sans aucun doute, la rétention est le mot-clé dans la phénoménologie de Husserl. C'en est le concept principal. Le besoin de la rétention s'impose à nous aussitôt que nous nous heurtons à la conscience, qui dépasse aussi bien la réalité du sens que la totalité de la fonction du signe. Autrement dit, l'expérience de cette conscience est absolument différente de celle de la mondanité : l'événement phénoménal ne tombe ni sous la domination du signe, ni sous le contrôle du contenu concret, c'est-à-dire qu'il ne demeure jamais dans le cadre du sens ; il ne se révèle dans aucun texte. Il *s'inclut* seulement dans la conscience comme condition de son fonctionnement, où cette inclusion est la pratique pure du présent et où cette pratique, à son tour, est l'action rétentionnelle. C'est alors que l'on peut dire que la destruction de l'identité entre la différence et le sens, qui n'a été projetée par Husserl que pour évoquer la force rétentionnelle de la conscience, ouvre une perspective radicale : la sortie de l'espace unitaire du monde (il nous paraît d'ailleurs impossible de considérer que Husserl ait accompli ce dessein).

L'invariant de sens est une construction idéale, il n'existe pas dans notre monde. Le retour à l'idéalité, qui est une sorte de compensation du refus d'un sens concret, ne doit pas être compris comme le renouvellement – toujours possible – des actes de la conscience. Celle-ci meurt en chaque point mais n'en finit pas de mourir. Elle est prédisposée à se reproduire dans un continuum. Husserl semble intarissable lorsqu'il parle de l'acte continuel de la rétention, de sa nature d'acte : « Il [le présent] s'ensuit donc un continuum ininterrompu de la rétention tel que chaque point ultérieur est rétention pour chaque point antérieur. Et chaque rétention est déjà un continuum »[114]. Ou quand Husserl désigne la perception rétentionnelle du temps : « L'acte constitué, édifié à partir de la conscience du maintenant (*Jetztbewußtsein*) et de la conscience rétentionnelle, est la perception adéquate de l'objet temporel. Or celui-ci inclura des différences temporelles, et des différences temporelles se constituent précisément dans de telles phases, dans la conscience originaire, la rétention et la protention »[115].

Il n'existe qu'un acte rétentionel : la rétention consciente. Le renouvellement constant de cet acte est la modulation noético-noématique de la réalité qui se déploie à travers l'exhumation des archives du signe et la destruction de tous les mausolées et panthéons ; c'est le prix que Husserl est disposé à payer pour mettre en branle sa science.

11 LA DEPRESSION DU SIGNE

C'est pourtant ce qui explique que Husserl, pour aussi loin qu'il ait été dans une théorie du monde noématique et du temps interne, n'ait pas véritablement établi les règles de la constitution d'une réalité non-significative, à savoir des règles qui ne seraient pas en contradiction avec l'effectuation de cette idée. La transformation du signe en phénomène est en effet le processus d'exhumation des archives de tout l'héritage culturel et historique du monde ; ou bien c'est la réduction de la réalité empirique à une image idéale qui ne laisse pas le sens outrepasser les limites du présent ; et ici, dans ce présent, le sens s'émancipe de son mode topique dans l'histoire qui lui est donnée par les lois de la signification. Là comme ailleurs, comme dans tout espace de la phénoménalité pure, l'historique tend vers un idéal et la vérité se trouve dans le rapport de la présence à quelque chose d'extra-présent, entité non signifiée et seulement pensée, qui se différencie sans jamais s'unir à rien.

---

[114]*Hua* X, p. 29.

[115]*Hua* X, p. 38.

Mais dans cette émancipation radicale du sens, l'idéalité de sens que nous ne pouvons ni fixer ni identifier, se perd la nature même du sens, la possibilité de son effectuation. Il est absent dans la présence. Chaque idéalité, y compris noématique, se compose d'une série infinie de sens transparents, qui tous se trouvent l'un dans l'autre. Le volume de cette transparence est indéfini ; il peut attirer en lui tous les signes possibles, les absorber et les dissoudre. Par ailleurs, dans l'idéalité, le sens se transforme en absence présente, en transparence sans lieu ; ce sens est indestructible parce qu'il se différencie de lui-même, détruisant aussi l'image de sa présence (la transparence n'étant jamais présente). Il reste extérieur à toute signification, mais c'est une extériorité intérieure. Là, comme dans la bouteille de Félix Klein, il n'y a ni extérieur ni intérieur, ni centre ni périphérie – l'infinité saisie par ses propres limites. C'est pourquoi, dans ce sens, le signe n'a aucun endroit où se cacher. Ce sens dévore tout et n'éjacule rien. Grâce à cette transparence dévorante, qui, comme l'idéalité noématique, garde tout sans limites, se produit la dépression du signe, c'est-à-dire que le signe est privé de la possibilité de conserver son identité, où il se cache. Pour préciser encore, on peut dire que la dépression du signe tient à ce qu'il perd la faculté d'identifier le sens à lui-même, c'est-à-dire de retenir sa fonction propre. Le signe dépressif immole la structure du sens sur l'autel de l'idéalité noématique.

Parvenu à ce point, nous comprenons mieux toute la complexité de l'enjeu : l'identité qui satisferait Husserl est exilée au-delà des limites de la portée empirique et se trouve incapable de détenir l'idéalité noématique de la vérité. Le lieu qui appartient naturellement à la véritable objectivité n'est pas le lieu de l'identification. Cette incapacité à le trouver, que, semble-t-il, ne surmonte pas Husserl, s'explique par le fait que l'idée même de l'identité idéale détruit le mode de la présence – y compris la présence noématique –, sans laquelle s'arrête l'effectuation de tout sens, aussi bien subjectif et empirique qu'objectif et idéal. Pour retenir le lieu du sens, ne serait-ce qu'à la surface de l'identité idéale, il faut retenir en même temps la présence ; or cette dernière ne peut être retenue parce qu'elle n'est en rapport avec cette identité que par la fonction de différencier. La différence devient le mode temporel où la conscience reconnaît la présence au travers d'impulsions, de similarités, de discontinuités ; elle se transforme enfin en un réseau cristallin qui, n'ayant pas son propre noyau, s'accroît à l'infini. Husserl écrit : « La discontinuité présuppose (*setzt voraus*) la continuité, que ce soit sous la forme de la durée sans changement ou sous celle du changement continu. En ce qui concerne ce dernier, le changement continu, les phases de la conscience du changement passent les unes dans les autres sans rupture <...> ainsi se mêlent (*mischt sich*) similitude et différentiation (*Unterschiedenheit*), et une continuité de l'accroissement de la différenciation est donnée à mesure que croît l'extension »[116].

En vertu de sa prédestination phénoménologique, la totalité de la différence détourne le sens du signe dans des événements purement phénoménaux (par exemple, dans des laps de temps, des changements phonématiques, des actes mentaux, etc.). Mais comment n'arriverait-on pas au point où l'on ne pourrait plus signifier mais seulement identifier le sens et l'égarer au même instant dans une sorte de transparence différentielle ? Ou, plus précisément, est-il possible de s'en tenir à l'identité idéale du monde noématique, simple vécu interne de la conscience, tout en se gardant de la pleine disparition qui caractérise tout signe ? Nullement. La différence préside à la genèse de l'identité idéale comme telle ; c'est là qu'il faut chercher la racine de l'émancipation radicale, la fermeté avec laquelle la vérité objective s'élève sur le terrain empirique du savoir. Mais quand la conscience tend à voir l'idéalité phénoménologique, la différence cèle alors des suites fatales.

Un certain travestissement de cette situation tient à ce que l'idéalité, qui *objectivise* le sens et que Husserl prescrit au

---

[116] *Hua* X, pp. 86 - 87.

noème, est en fait l'idéalité de la différence, qui seule a le droit de posséder cette idéalité. Comme nous l'avons vu, la modalité de la différence est à la fois la duplicité et la singularisation du sens ; assurément, elle est aussi sa reproduction permanente. Toutefois, le vrai danger n'apparaît que là où le sens s'effondre dans l'abîme de cette permanence. Le sens disparaît dans une série de phénomènes dont la profondeur noématique est pareille à la surface de leurs actions ; autrement dit, la profondeur noématique que cherche Husserl n'existe pas. La profondeur, qui doit contenir en elle-même un monde sans signes et où le sens doit acquérir la transparence, ne se trouve être qu'une hallucination. Marion souligne le rôle de la profondeur dans la phénoménologie husserlienne : « La profondeur n'indique pas ici que « derrière » le phénomène autre chose attendrait d'apparaître, mais que l'apparaître même du phénomène – à titre de manière (d'être) et donc de non-étant – révèle une profondeur. La profondeur ne double pas le phénomène <...> elle le révèle à lui-même <...> »[117].

12 LE SACRIFICE DU PHONEME

Le signe renvoie à l'objet en marquant une certaine distance entre lui-même et la conscience ; le phonème, à l'inverse, anéantit cette distance en portant la conscience dans l'objet qui devient ainsi non l'*objet de* la conscience mais l'*objectité dans* la conscience. Ce moment est donc essentiel. L'objet de la conscience est ce qui se sépare de la conscience et cette séparation se manifeste toujours par la présence du signe. Ou plutôt, une telle séparation est la forme de la présence, exprimée et non encore idéalisée. Quant à l'objectité, elle ne se sépare jamais de la conscience parce qu'elle est le lieu où la conscience « s'objective » en elle-même et, si l'on peut parler en principe d'une différence entre l'objectité et la conscience, c'est la différence d'où naît l'identité idéale, soit cette identité

---

[117] Jean-Luc, Marion, *Reduction et donation*, p. 99.

qui n'existe que dans les actes purs différentiels. L'idéalité de cette identité tient encore à ce qu'elle n'a pas d'espace significatif à l'intérieur d'elle-même. Elle n'a pas même d'intériorité : c'est l'identité sans signes, la présence sans formes, le sacrifice sans Dieu.

La conscience devient non ce qu'elle différencie mais la différence comme telle. C'est la conscience phonématique, celle qui est emprisonnée dans l'extériorité idéale du phonème. C'est pourquoi cette conscience se trouve entre la présence et le signe, dans les plis du sens, dans le territoire *phonémenal*, disparaissant dans la présence et apparaissant dans l'absence. Le phonème n'a pas de présence ; dans le meilleur des cas, nous pouvons parler d'une non-présence du phonème, mais tout cela est purement conventionnel. Mieux, le phonème est la forme de présence de l'absence et cela n'a rien d'un paradoxe. Cela ne signifie pas que l'absence apparaisse sous la forme de la présence, mais seulement une possibilité de penser l'absence dans cette différence (ou dans ces formes de la différence) qu'elle-même fabrique. En outre, une telle pensée est véritablement phénoménale ; elle s'effectue non dans le sens décelé, mais se décèle dans son effectuation. Pour produire le sens, le phonème doit se sacrifier, c'est-à-dire qu'il doit disparaître dans la présence de cette différence qu'est initialement ce phonème (Pāṇini appelle *anubandha* le « son rajouté », terme venant du rite sacrificiel *anubandha paśu*, « animal à sacrifier » ; ainsi, le son *t* est sacrifié pour être garant de la stabilité du système de morphèmes dont la racine se termine par *i, u, ṛ*).

La fonction du phonème n'évoque-t-elle pas la nature sacrificatrice de la conscience phénoménale ? En effet, le phonème et le sacrifice ont en commun le pouvoir d'extraire le sens de l'absence.

Dès lors, le sens apparaît de ce qu'il n'est pas initialement : des intervalles, des périodes, des sonorités. Mais sa seule apparition apporte de la valeur à ces intervalles, à ces périodes et à ces sonorités. Nous ne savons pas (et il faut croire que nous le ne saurons jamais) ce qu'ils sont avant cette apparition. Existent-ils *en réalité* ? Peuvent-ils manifester leur évidence d'une autre façon ou bien, malgré tout, leur évidence est-elle inventée seulement par le sens même qui ne les porte que dans sa propre apparition ? Toutes ces questions, qui sont posées chez Husserl, restent néanmoins sans réponse. Et rien, y compris la technique phénoménologique, n'a suffisamment de pouvoir pour nous conduire à leur résolution. Formulons à notre tour une autre question radicale, qui a peut-être une portée synthétique : le sens n'est-il pas le tribut que nous payons pour notre ignorance et pour notre incapacité à voir la vie des intervalles, des périodes, des sonorités, etc. *avant* et *hors* de leur apparition à la surface de la différence, c'est-à-dire à voir une différence vide de sens, à la voir dans l'absence du présent ? Le sens nous protège de ce qui n'a pas d'origine, de ce qui n'a ni date ni lieu de naissance. Il nous protège de ce qui n'a pas de structure désirable. Enfin, il apparaît au bord de l'absence, en marquant la limite du désir et en disposant l'imagination à l'idéal qui ne peut exister que dans la destruction infinie du sujet imaginant. L'identité avec l'idéalité, c'est-à-dire la possession du sens noématiquement idéal – permettons-nous d'imaginer ce miracle – pourrait signifier qu'une absence a acquis la structure du sens : Dieu est devenu phonème.

Il est clair que la conscience phonématique est sacrificatrice et, qu'en tant que telle, elle a besoin de viser à l'idéalité. Le noème devient moins un objet idéal ou objet du sens, que ce qui maintient en permanence la conscience intentionnelle dans la présence du vide. Les intervalles, les événements, les périodes, etc. sont les moyens du vide, lesquels ne sont pas (*encore*) le sens mais (*déjà*) ses conditions, tandis que le sens est l'effectuation de ces conditions. Plus exactement, le sens vient de l'actualité de ce qui n'existe pas en puissance. La structure noématique de l'idéalité se caractérise seulement par cet actuel sans potentiel, par la possibilité de répétition à l'infini. Ainsi l'idéalité n'existe-t-elle que si elle se répète, dans une répétition sans origine. Cette situation, nous l'appelons la *pré*absence. Il s'agit d'une présence *avant* l'absence, d'une situation où la répétition produit l'original et détruit toute possibilité primordiale d'originalité. Toutefois, une telle répétition de l'idéalité, cette préabsence de l'idéalité, rend sa présence impossible ; ce qui se répète n'est pas présent et ce qui est présent ne se répète pas. C'est pourquoi d'ailleurs le phonème, comme objet et sacrifice, n'existe pas dans la présence ; il est ce phénomène duquel apparaît l'idéal dans le processus de la répétition et où l'idéal disparaît quand cesse la répétition.

Quelques remarques pour terminer. La répétition se fonde sur la différence, elle provient des lieux où la différence apparaît mais n'est pas présente a priori ; la répétition signifie toujours l'impossibilité de la présence et l'absence de la différence. Non la différence qui *n'existe* pas en *réalité*, mais celle qui a l'absence comme condition pour s'effectuer. Or cette effectuation de la différence est le seul lieu d'origine de la présence, le seul lieu où la présence rencontre le sens. Et seule cette absence de différence (ou *pré*absence du sens) permet à la présence de se trouver en répétition constante d'elle-même, de s'approcher de sa limite à l'infini. Enfin, la répétition, c'est la différence.

Et nulle part ailleurs que dans cette différence, à la limite de tout acte, dans les intervalles et les singularités, sous la forme d'un double, au bord des identités, dans la sonorité et dans le silence, en mourant et en renaissant, toujours non-ici, partout, en laissant la trace de son sacrifice, en aveuglant par sa transparence, l'idéalité du sens glisse mais se maintient à la surface.

L'identification du phonème et la distinction du phénomène est à proprement parler une opération phénoménologique qui n'a ni passé ni futur. C'est un processus de création de l'idéalité ; on peut dire que c'est le présent qui ne devient ni passé ni futur. Le temps qui sort de sa structure linéaire quitte l'histoire, échappe à la présence et s'installe dans son non-être. Ce non-être est le territoire phonématique de la conscience intentionnelle. L'entrée dans ce territoire est peut-être la seule démarche de la phénoménologie où, pour atteindre l'identité avec soi-même, il faille être dans une différence constante avec l'objet. Le phénomène du phonème est la différence médiatrice. Toutefois cette différence-médiatrice, ayant fait découvrir au sujet son éloignement et son clivage avec l'idéalité de l'objectité, doit en principe être supprimée à mesure que le sujet s'inclut et même se dissout dans le flux phénoménal. Du point de vue méthodologique, la différence primordiale entre le *Je* transcendantal et le *Je* empirique posée par Husserl remplit le rôle d'un lieu de naissance du sujet phénoménologique. D'un côté, c'est le lieu où la conscience du sujet entre pour la première fois dans l'expérience phénoménale de la différence, là où cette expérience est vécue en tant que sienne propre et exclusive de toute autre chose ; d'un autre côté, l'expérience de la différence, restant malgré tout au niveau de la réalisation infinie, ôte le sujet du monde réel et du temps historique pour introduire dans la sphère des opérations pures et phénoménales, c'est-à-dire que le sujet entre dans un monde constitué par la possibilité irréalisable de l'expérience de la différence. Ce monde n'est pas extérieur au sujet. Il s'actualise dans l'actualité de son être, d'un être dans le monde. Ici, pour le sujet, la présence n'est pas le moyen de surmonter l'ontologique pour l'événementiel ; la présence est là où l'ontologique est détruit dans l'événementiel. Ni le phénoménal ni le phonématique n'ont d'être ; ils sont le lieu où l'être est réduit à l'avoir pur. Dans cet avoir, le phénoménal et le phonématique s'entrecroisent. Le phénomène apparaît dans l'idéalité de l'acte phonématique, il vient de l'absence de l'ontologique, de la réalité écrasée entre le phonème et la phonation, engouffrée par la glotte qui, peut-on dire avec Husson, disparaît enfin dans l' « anus trachéal ». A son tour, le phonème se trouve dans l'objectité du phénoménal, il devient la voix avant que le signe ne s'empare du sens et ne s'évanouisse dans le silence. La sonorité du phénomène et le silence du phonème surgissent toujours ensemble.

Identifier le phonème, c'est différencier le phénoménal et l'historique, le singulier et le pluriel, l'idéal et le réel, c'est voir le phénoménal dans l'historique, le singulier dans le pluriel, l'idéal dans le réel ; considérer comment se divise et se réunit à nouveau l'espace de l'oralité barbare, grouillante, bouillonnante et gémissante.

La transformation primaire du signe en phénomène s'effectue à travers l'assimilation du signifié par le signifiant – ce qui décompose la correspondance entre identité et présence. La chaîne des signifiants est un système élaboré et phénoménologique, constitué selon le principe du sacrifice. La transparence du signifiant, arrachée de la présence et introduite dans le système de l'économie différentielle, est atteinte au prix de la destruction du signifiant suivant, vers lequel tend le signifiant précédent. Peut-être avons-nous affaire ici à un antique principe de consomption totale : ce qui consume accroît sa transparence au détriment de ce qui est consumé. Le sacrifice illumine la corporalité de celui qui a englouti. C'est pourquoi la règle phénoménale fondamentale stipule que pour entrer dans le monde des idéalités, quelque chose doit *être* ce qu'il *n'est* pas. C'est l'ordre de la vie dans le monde idéal. Le caractère paradoxal de cette règle tient encore à ce qu'elle ne peut être immédiatement vérifiée. L'expérience qui nous persuade de la vérité de cette règle n'est pas immédiate ; c'est une expérience de quasi-identité, qui ne se donne à la conscience que dans la transparence phénoménale du sens, mais qui disparaît en elle à jamais.

TABLE DES MATIERES

L'HARMATTAN, ITALIA
Via Degli Artisti 15 ; 10124 Torino

L'HARMATTAN HONGRIE
Könyvesbolt ; Kossuth L. u. 14-16
1053 Budapest

L'HARMATTAN BURKINA FASO
Rue 15.167 Route du Pô Patte d'oie
12 BP 226
Ouagadougou 12
(00226) 50 37 54 36

ESPACE L'HARMATTAN KINSHASA
Faculté des Sciences Sociales,
Politiques et Administratives
BP243, KIN XI ; Université de Kinshasa

L'HARMATTAN GUINEE
Almamya Rue KA 028
En face du restaurant le cèdre
OKB agency BP 3470 Conakry
(00224) 60 20 85 08
harmattanguinee@yahoo.fr

L'HARMATTAN COTE D'IVOIRE
M. Etien N'dah Ahmon
Résidence Karl / cité des arts
Abidjan-Cocody 03 BP 1588 Abidjan 03
(00225) 05 77 87 31

L'HARMATTAN MAURITANIE
Espace El Kettab du livre francophone
N° 472 avenue Palais des Congrès
BP 316 Nouakchott
(00222) 63 25 980

L'HARMATTAN CAMEROUN
BP 11486
(00237) 458 67 00
(00237) 976 61 66
harmattancam@yahoo.fr

ERRATA

Quelques coquilles se sont glissées dans ce tirage :

Page 9 : 1er paragraphe, 9e ligne : il manque un mot : "à l'égard **des**" ;

Page 9 : 2e paragraphe, 5e ligne : il faut lire "strict" et non "stricte" ;

Page 56 : 1ère ligne : la phrase doit se poursuivre sur la ligne suivante ; il faut lire "(...) du signe[62], l'extériorité ne s'oppose pas (...)" ;

Page 80 : Note n°87, 1ère ligne : il faut lire "Mayrhofer" et non "Mayrhoffer".

678617 - Octobre 2016
Achevé d'imprimer par